FABIANO R. KUMMER

DIREITO PENAL NA SOCIEDADE DA INFORMAÇÃO

1ª edição

Fechamento da obra em 22/07/2017

Paraná

Edição do Autor

2017

Direito Penal na Sociedade da Informação

Sobre o autor:

Fabiano Ratton Kummer é bacharel em Direito (PUC/PR), com especialização em Direito Aplicado ao Ministério Público, pela Escola Superior do Ministério Público da União, além de Engenheiro Químico formado pela UFPR, com especialização em Qualidade e Produtividade (UFPR), e MBA Executivo (FAE/Baldwin Wallace College). Atua hoje como servidor público federal no Ministério Público da União, lotado na Procuradoria Regional do Trabalho da 9ª Região, em Curitiba/PR. E-mail do autor: fkummer007@gmail.com

Agradecimentos:

À Adriana e ao Guilherme. Aos meus pais. Agradeço também ao Ministério Público da União, em especial à Escola Superior do Ministério Público da União (ESMPU), por ter me conferido a base e a sistematização necessária à consecução deste projeto. Agradeço à Dra. Silvana Batini, Procuradora Regional da República da 2ª Região, pela orientação no Trabalho de Conclusão do Curso de Especialização em Direito Aplicado ao Ministério Público 2014-2016, e também aos Procuradores da República Dr. Diogo Castor de Mattos e Dr. Roberson Henrique Pozzobon, que compuseram a banca de examinadores na sessão de apresentação do Trabalho de Conclusão de Curso, e que, por meio de sugestões bastante pertinentes e incentivo, me motivaram a aprofundar o estudo e acrescentar material para escrever esta obra.

Referências:

Todas as referências utilizadas neste trabalho estão relacionadas ao final do livro, de forma a remeter o leitor mais interessado à fonte original para uma leitura contextualizada, além de reverenciar os autores consultados, aos quais aproveito para agradecê-los pelo conhecimento agregado, que em muito ajudou a realizar este trabalho.

SUMÁRIO

Introdução:

A presente obra tem por objetivo sistematizar conceitos, normas e jurisprudência atual sobre o tema *"Direito Penal na Sociedade da Informação"*, bem como discutir aspectos relevantes do combate ao crime informático. Para tanto, foram utilizadas obras que contextualizam o entendimento dos efeitos do mundo cibernético na sociedade atual, tanto em relação ao avanço tecnológico, quanto em relação ao consequente aumento do risco percebido em sua utilização. A revolução social trazida pela disseminação do uso da internet em todo o mundo veio acompanhada do brado de arroubos libertários que visualizavam a internet como uma terra de liberdades absolutas, avessa a qualquer tipo de controle; porém, concomitantemente ao bom uso da nova tecnologia, percebeu-se a disseminação de atividades criminosas que vieram a trazer insegurança a usuários diretos e indiretos da rede mundial de computadores. Procurou-se abordar nesta obra, pois, a tensão dialética entre a garantia do direito fundamental da liberdade ante a garantia de segurança pública e individual, frente aos crimes informáticos. Foram pontuados alguns conceitos preliminares ao entendimento do tema, para fim de nivelar conhecimento básico sobre bens jurídicos e estrutura do crime, bem como apresentadas proposições atuais de classificação dos crimes informáticos. Avaliamos a resposta coordenada da comunidade internacional para o combate a este tipo de crime, na forma da *Convenção de Budapeste sobre Crimes Informáticos*, e os frutos derivados dessa iniciativa. Também restou avaliado o ordenamento jurídico pátrio atual - exclusivamente no que tange às normas penais que visam o combate à criminalidade informática -, e apontados alguns problemas decorrentes da política criminal até então adotada, em particular as dificuldades trazidas pela insuficiência e/ou inacurácia legislativa, que em muito afetam a qualidade das investigações criminais e instrução probatória em ações penais envolvendo crimes informáticos. Discutiu-se, ainda, alguns aspectos particulares na aplicação da lei penal nos delitos informáticos, tais como: tipicidade, local do crime, e definição de competência. Analisou-se a atividade da investigação no combate à criminalidade informática, com aspectos legais e pragmáticos, que dificultam a ação das autoridades públicas. Por fim, comentou-se a questão da *Deep Web*, hoje, ainda, quase uma terra de ninguém, onde – veremos -, o mal, mas não só ele, circula; e, também, abordaram-se determinados eventos que muito repercutiram, recentemente, por conta das novas modalidades de crimes informáticos praticados, e que trespassaram fronteiras e se espalharam pela comunidade global a uma velocidade assustadora.

Ressalte-se, procurou-se evitar a tentação do lugar-comum, ao simplesmente bradar pela criação de novos tipos penais e pelo recrudescimento das penas a serem aplicadas. Em alguns casos, sim, mostram-se evidentemente necessários. Mas o que se mostra mais importante é o uso consciente da legislação penal, de modo a alcançar o delicado equilíbrio entre a efetiva proteção dos bens jurídicos caros à sociedade, e a liberdade individual do pensamento e da expressão.

1. Breves considerações teóricas prévias ao estudo do tema:

1.1 Pequena História da Internet e Consequentes Efeitos Sociais

Em um breve relato histórico[1], verificamos que a Internet surgiu, originariamente, como um experimento financiado pelo Departamento de Defesa dos Estados Unidos, e conduzido pela ARPA – *Advanced Research Projects Agency*, no auge da Guerra Fria, na década de 60. Foi a primeira forma de comunicação por meio eletrônico entre computadores, na época, ainda restrita ao meio militar, cujo comando queria uma rede que sobrevivesse a eventuais atentados à bomba, pelo simples fato de não ter uma central única de informação, mas estar dispersa por toda a malha da rede. Teve papel fundamental nessa criação, Paul Baran, que em 1964 idealizou uma rede híbrida, na forma de uma malha, na qual os dados se deslocariam de forma dinâmica, usando o caminho menos sobrecarregado (metodologia conhecida como "*packetswitching*").

O experimento conduzido pela ARPA – uma rede de computadores interligados denominada ARPANET - teve início no ambiente universitário, na Califórnia, EUA, interligando os centros universitários do Stanford Institute, da Universidade da Califórnia em Los Angeles, da Universidade da Califórnia em Santa Bárbara e da Universidade de Utah, e se notabilizou por ter sido a rede precursora da Internet.

Depois de desenvolvidas a metodologia e tecnologia iniciais, e com o advento do fim da Guerra Fria, passou-se a permitir o uso da rede no meio acadêmico e científico, sendo que somente em 1987 veio a ser autorizado o seu uso comercial, nos EUA.

Porém, foi só no início da década de 1990 que a *World Wide Web (WWW)* se consolidou, com a criação do protocolo HTTP (*HyperText Transfer Protocol),* pelo físico inglês Tim Berners-Lee, que também criou a linguagem HTML (*HyperText Markup Language*), tornando tarefa simples a programação no ambiente da Internet.

Em 1994, a empresa norte-americana Netscape criou o protocolo HTTPS (*HyperText Transfer Protocol Secure*), que garantia o envio de dados criptografados para transações comerciais pela internet, e permitia que se verificasse a autenticidade, tanto do servidor, quanto do cliente, por meio do uso de certificados digitais, tornando então essas transações comerciais mais seguras.

Ainda, a criação de interfaces mais amigáveis, adotadas por novos softwares chamados *browsers* (ou navegadores) – de início, o Netscape e o Internet Explorer, mais tarde o Mozilla Firefox e Google Chrome, dentre outros -,facilitou a expansão do uso da internet pelo usuário doméstico, incrementando cada vez mais o alcance e a capilaridade da rede original.

A partir de então, a popularidade da Internet alcançou todo o globo terrestre (à exceção de poucos países totalitários, receosos, por questões políticas, em adotar a nova tecnologia da informação). Lembrando que no Brasil, a exploração comercial da Internet só foi autorizada em 1995.

Atualmente, depois de a Internet discada se tornar coisa do passado, surgiu o acesso por Banda Larga, e a conexão por meio de *smartphones*, com a rede 3G (e, mais recentemente, agora, a 4G), sendo, pois, hoje, possível o acesso móvel, e a custos progressivamente menores.

E, assim, a Internet veio a causar uma verdadeira revolução no modo como as informações passaram a serem adquiridas e compartilhadas, tanto pelo usuário doméstico, quanto pelas empresas – das microempresas às grandes corporações -, que, rapidamente, viram na rede uma forma de aumentar seus faturamentos, diminuir seus custos e se aproximar de seus clientes, mesmo os mais distantes, num mercado cada vez mais global. Além disso, a Administração Pública dos Estados adotou, cada qual, o uso da Internet para agilizar a forma de prestação de serviços públicos, bem como para guarda e administração de informações que lhes sejam úteis.

Porém, junto a todo incremento na quantidade e velocidade na troca de informações proporcionadas pela Internet, veio também o receio da vulnerabilidade trazida por estes novos caminhos abertos. Isto, pois, começou-se a perceber que, da mesma forma que se acessa a bancos de dados alheios, o seu próprio banco de dados restava vulnerável. Além disso, também, a criminalidade encontrava um novo meio de atuação, perpetrando, na rede, os mesmos crimes já cometidos em sociedade, ou mesmo criando novas modalidades de crimes, proporcionados pelas facilidades do meio eletrônico e aparente anonimato de que se reveste a rede.

Mas esse novo medo não era somente um medo isolado na consciência individual do usuário da rede mundial de computadores, nem mesmo especificidade única do meio informático. Estava inserido dentro de todo um contexto.

Não é por acaso que um dos autores mais citados em artigos científicos e trabalhos acadêmicos na área de ciências humanas aplicadas, nos últimos anos, tem sido Ulrich Beck (1944-2015). O sociólogo alemão, autor do festejado *Risk Society: Towards a New Modernity* (Londres: Sage, 1992), foi preciso em assinalar a migração de uma sociedade eminentemente industrial (que produzia e distribuía bens) para uma *sociedade do risco*, em que esse risco, por ela mesma gerado, seria compartilhado pela comunidade global, não se observando limites territoriais, geográficos, culturais, nem tampouco sistemas políticos ou econômicos. Ressalta Ulrich Beck, ao discorrer sobre a utopia da sociedade mundial:

> *"Cedo ou tarde, os riscos ensejam também ameaças, que relativizam e comprometem por sua vez as vantagens a eles associadas e que, justamente em razão do aumento dos perigos e atravessando toda a pluralidade de interesses, fazem com que a comunhão do risco também se torne realidade".*[2]

Assinala, em complemento, Zygmunt Bauman:

> *" Em um planeta globalizado, habitado por sociedades forçosamente "abertas", a segurança não pode ser obtida, muito menos garantida de maneira confiável, em um único país ou grupo de países: não por seus meios próprios e não independentemente do estado das coisas no resto do mundo".*[3]

Como consequência dessa comunhão do risco de ataques informáticos criminosos, sentido pela comunidade global, não mais podendo ser subestimada, demandou-se a organização da sociedade civil, em movimento cada vez mais transnacional e cooperativo, de forma a combater essa nova forma de criminalidade.

A pergunta que inicialmente se faz, é: estamos preparados para enfrentar os riscos criados pela sociedade da informação? A mesma rede de informações que nos alimenta todos os dias é a rede que permite acesso a informações às quais nem sempre gostaríamos de expor à sociedade, por razões que, em princípio, só dizem respeito a nós, ou a determinados interlocutores, por nós escolhidos.

Mas, afinal, qual a resposta normativo-jurídica que precisamos oferecer para a proteção de informações dos Estados e dos cidadãos? Em um mundo em que se potencializou o risco do compartilhamento não autorizado de informações, a resposta normativo-penal deverá ser suficiente para coibir os crimes que ora se multiplicam, mas, por outro lado, não poderá exceder-se a ponto de permitir ao Estado a invasão da privacidade do cidadão, bem como tolher a liberdade de expressão de seu pensamento, corolários básicos da concepção filosófica que sempre norteou a Internet.

Essa liberdade do pensamento, da expressão, e, inclusive do anonimato, na Internet, é bandeira de luta de organizações como a *La Quadrature du Net* - fundada por Jérémie Zimmermann -, a mais importante organização europeia em defesa do direito ao anonimato *on-*

line e na promoção da conscientização das pessoas sobre os ataques legislativos à liberdade na internet (Jérémie, que mais tarde, chegou a ser detido pelo FBI para fins de esclarecimentos acerca do caso WikiLeaks).

Conforme reforça o Professor da disciplina de Processo Penal da PUC/PR, e advogado criminalista, Adriano Bretas:

> "... o instrumental dogmático teorizado para atender às demandas da criminalidade tradicional já não dá conta de responder aos desafios (im)postos pela nova ordem social. É nesse momento (de crise) que surgem propostas das mais variadas possíveis, desde o *abolicionismo* penal, até o *direito penal do inimigo*, não sem falar de um direito penal de duas (ou até *três*) *velocidades*".[4]

Portanto, há que se ter serenidade para lidar com o problema: necessário, antes, entender quais seriam, exatamente, os bens jurídicos a serem tutelados; quais os riscos a que estão, efetivamente, expostos; e qual o papel que se espera do direito penal, de forma a minimizar esses riscos, sem vilipendiar os direitos fundamentais dos usuários da rede, mas sem também impossibilitar/dificultar às autoridades públicas constitucionalmente constituídas, a investigação e promoção das ações penais subsequentes.

1.2 A aparente tensão dialética entre os direitos fundamentais e o direito à segurança

Os direitos fundamentais são, ou deveriam ser, os direitos mais caros à sociedade. São os direitos – tanto individuais, quanto sociais - mais básicos, intrínsecos à condição de dignidade dapessoa humana, pois que performam o conjunto de direitos que erigem a vida do cidadão a uma vida segura, livre, digna, próspera, e feliz. São exemplos de direitos fundamentais: o direito à vida, à segurança, à educação, à saúde, à liberdade, à igualdade material, dentre outros de importância equivalente.

Os direitos fundamentais são merecedores de proteção especial por dispositivos constitucionais, e de inafastabilidade quase sempre de caráter absoluto. Exceção, unicamente, quando em conflito com outro direito de mesmo caráter fundamental, em que aquele possa ser suplantado em importância, no sopesar com a importância desse.

A Constituição da República Federativa do Brasil, de 1988, foi um marco histórico na construção de um Estado Democrático de Direito, trazendo – após os anos sombrios da ditadura militar -, com firmeza inabalável, as diretrizes para que não mais nos afastemos do caminho da liberdade e da igualdade de direitos. Já no art. 1º, dentre os *fundamentos* da República, em destaque, menciona-se a *dignidade da pessoa humana*. No art. 3º, como *objetivo fundamental*, a *construção de uma sociedade livre, justa e solidária*, assim como a *ausência de preconceitos e discriminação*. No art. 4º, como *princípios*, menção indelével à *prevalência dos direitos humanos*. A Constituição de 1988 destacou, ainda, no Título II, os *Direitos e Garantias Fundamentais*, discriminando no Capítulo I, os *Direitos e Deveres Individuais e Coletivos*, na forma do art. 5º, uma relação de direitos subjetivos no plano material e de garantias instrumentais de proteção desses direitos.

A Constituição Federal concedeu, ainda, a esses Direitos e Garantias Fundamentais uma proteção específica, por meio das normas constitucionais conhecidas como *Cláusulas Pétreas*, que no art. 60, § 4º, proíbem propostas de emendas que visem abolir os direitos e garantias fundamentais. Temos que destacar que a extensão dessa proteção das Cláusulas Pétreas para além do art. 5º promove intensos debates entre doutrinadores: abrangeria somente os direitos e garantias relacionados no art. 5º, ou os demais, apresentados por todo o Título II e demais? A questão não é tão simples, e refoge ao tema desta obra. Basta dizer que a posição que vem se firmando – tanto na jurisprudência, quanto nas Cortes Superiores - recomenda uma interpretação hermenêutica a avaliar se os direitos e garantias relacionados fora do âmbito do art. 5º guardam relação estreita com o núcleo essencial dos princípios lá relacionados. Ou seja, se guardarem proporção principiológica com os direitos e garantias relacionados no art. 5º, mesmo estando fora deste dispositivo, estariam acobertadas pelo manto protetor das Cláusulas Pétreas. Para aprofundar o estudo dessa questão, indicamos a leitura das obras de Ingo Wolfgang Sarlet[5], e de Dirley da Cunha Júnior[6], relacionadas nas referências bibliográficas ao fim deste trabalho, dentre outros bons autores.

Discorrido esse tema inicial – sobre a importância e o cuidado conferido aos direitos e garantias fundamentais, linha mestra a guiar toda e qualquer interpretação de nossa Constituição vigente, assim como leis infraconstitucionais -, precisamos entender o reflexo desta concepção na área de nosso estudo, o Direito Penal. E isso se deu (e ainda se dá) de forma gradativa, tendo sido insculpida a leitura garantista da norma penal e processual penal aos poucos, por meio da ação combativa por parte de operadores do direito, por meio do ensino acadêmico, de boas doutrinas e jurisprudências firmadas.

Porém, o entendimento e sistematização do chamado *garantismo penal* somente foi consolidado na festejada obra de Luigi Ferrajoli, *Direito e Razão*. Nessa obra, Ferrajoli trouxe um modelo que, de forma sistemática, estabelece os pilares da teoria garantista. Traz o mestre italiano três significados de *garantismo*[7]:

i.   Um modelo normativo de direito, o modelo de "*estrita legalidade*", próprio do Estado de direito, onde o Estado buscaria minimizar a violência, porém, concomitantemente, maximizando a liberdade individual, atuando, pois, estritamente dentro do que prevê a lei;

ii.   Uma teoria jurídica da validade e da efetividade, criando uma distinção entre essas categorias, como uma espécie de legitimação interna do direito penal, operada por juízes e juristas.

iii.   Uma "*filosofia política que requer do direito e do Estado o ônus da justificação externa com base nos bens e nos interesses dos quais a tutela ou a garantia constituem a finalidade".*

Não resta dúvida de que a Constituição Federal – embora não tendo adotado todos os axiomas apresentados por FERRAJOLI -, em suas linhas dirigentes, determine a leitura do Código Penal, assim como do Código de Processo Penal, sob uma ótica garantista, e portanto restritiva ao poder punitivo estatal, frente à liberdade individual, estabelecendo princípios como o Princípio da Inocência, o Princípio da Ampla Defesa e do Contraditório, dentre outros, de reflexos diretos em nossa área de estudo.

Assim, sobre as normas penais e processuais penais, ensina PACELLI DE OLIVEIRA[8]:

> *"É garantista, sobretudo, no sentido de reconhecer que as relações jurídicas que se desenvolvem no processo penal entre acusação e defesa são relações evidentemente desiguais, e é também garantista quando posiciona o Ministério Público como órgão imparcial, renunciando, de certo modo, ao mito do conhecimento verdadeiro, a ser perseguido pela dialética processual da acusação e da defesa".*

Importante, porém, ressaltar aqui, queo alcance do significado do termo *garantismo* não pode se dar de forma restritiva, como comumente apresentado por determinados doutrinadores, que se ocupam tão somente com os direitos fundamentais do indiciado ou acusado; assim, nos lembra FISCHER[9]:

> *"Em nossa compreensão (integral) dos postulados garantistas, o Estado deve levar em conta que, na aplicação dos direitos fundamentais (individuais e sociais), há a necessidade de garantir também ao cidadão a **eficiência** e **segurança**".*

Prossegue ainda, FISCHER, em mesma obra:

*"Nesse momento de silogismo, é digno de nota que, também como imperativo constitucional (art. 144, caput, CF), o dever de garantir **segurança** (que se desdobra em direitos **subjetivos individuais e coletivos**) não está em apenas **evitar** condutas criminosas que atinjam direitos fundamentais de terceiros, mas também na devida **apuração** (com respeito aos direitos dos investigados ou processados) do ato ilícito e, em sendo o caso, da punição do responsável".*

Portanto, temos que pensar num modelo de *garantismo penal integral*, onde a *proteção* e a *segurança* **também** fazem parte do rol de bens jurídicos que compõem os direitos e garantias fundamentais do cidadão.

De novo, nos traz FISCHER[10]:

"Ratificamos nossa compreensão no sentido de que, embora construídos por premissas pouco diversas, o princípio da proporcionalidade (em seus dois parâmetros: o que não ultrapassar as balizas do excesso – Ubermassverbot – e da deficiência – untermassverbot – é proporcional) e a teoria do garantismo penal expressam a mesma preocupação: o equilíbrio na proteção de todos (individuais ou coletivos) os direitos e deveres fundamentais expressos na Carta Maior".

Importante destacar que **não** defendemos – de forma alguma - aqui a sobreposição do valor de uma certa segurança pública **abstrata** ante qualquer direito ou garantia fundamental; defendemos, sim, que o Estado tem que prover essa proteção e segurança ao cidadão – tanto na produção legislativa, quanto na administração dos órgãos de polícia por parte do Executivo, quanto na prestação jurisdicional -, sob pena de seestar violando os direitos fundamentais da *proteção* e da *segurança*, por **omissão** Estatal.

Para Thomas Hobbes, um dos fundamentos da existência do Estado – inclusive o Estado absolutista -, seria o de garantir a paz e a segurança do povo: *"Entende-se que a obrigação dos súditos para com o soberano dura enquanto, e apenas enquanto, dura também o poder mediante o qual ele é capaz de protegê-los, isto é, garantir segurança. Porque o direito que por natureza os homens têm de defender-se a si mesmos não pode ser abandonado através de pacto algum"*.[11]

Porém, mesmo na concepção liberal – em uma clara evolução frente às posições absolutistas, tomadas por Hobbes -, a função estatal de promover a segurança pública não é denegada. A famosa representação de que *"Locke vê mais longe que Hobbes, pois está sobre seus ombros"*, dentro do tema que aqui se discute, nos leva à constatação de que, no Estado liberal de Locke: *"A novidade de sua construção consiste em que a segurança deve ser obtida a um preço mais baixo que a perda da liberdade e que não é o Estado absoluto, mas o Estado com poderes limitados e vinculados ao direito é capaz de garantir a paz e que a segurança e a liberdade civis podem convergir"*.[12]

1.3 Bens Jurídicos nos Crimes Informáticos

Antes de discorrer sobre crime e tutela do direito penal nos crimes informáticos, necessário se pontuar – mesmo de maneira sintética - o significado de *bem jurídico* e quais seriam os bens jurídicos nos crimes informáticos; da mesma forma, necessário pontuar quais as *funções do direito penal*, e a necessidade do atendimento ao *Princípio da Intervenção Mínima*.

Em uma primeira análise, um *bem* significa um valor, ou um conjunto de valores, que integra o patrimônio humano - ou animal, por que não? -, e que a esse sujeito de direitos se vincula do ponto de vista material ou incorpóreo (moral, ético).[13]

Nem todo bem, entretanto, é, necessariamente, um bem jurídico. E, por porconseqüência da aplicação do Princípio da Intervenção Mínima, veremos, nem todo bem jurídico é tutelado pelo Direito Penal.

Um *bem jurídico* é uma espécie do gênero bem, em que esse bem foi eleito pelo legislador como um bem que merece uma especial proteção e cuidado por parte do ordenamento jurídico.

Ainda, para Roxin, bens jurídicos seriam:

> *"circunstâncias reais dadas ou finalidades necessárias para uma vida segura e livre, que garanta todos os direitos humanos e civis de cada um na sociedade ou para o funcionamento de um sistema estatal que se baseia nestes objetivos".*[14]

Já para que um bem jurídico mereça a proteção do direito penal, pelo *Princípio da Intervenção Mínima*, há que se mostrar ainda mais precioso o bem jurídico tutelado, e mais arriscada a conduta que o ameace ou o lese.

Como aduzido por NUCCI[15], o bem jurídico é, pois, elemento central a justificar a existência dos tipos penais incriminadores, formando a ilicitude penal. Segue o douto jurista: *"a tipicidade, a ilicitude e a culpabilidade, gravitam em torno do bem jurídico; (...) conforme o grau de lesão provocado ao bem jurídico, ingressa-se na avaliação da culpabilidade, tanto na parte concernente à formação do delito, como também no âmbito da aplicação da pena, afinal, bens jurídicos fundamentais demandam penas mais severas."*

Ainda, o *"Princípio da Insignificância"*[16] surge como um instrumento de interpretação restritiva na aplicação da norma penal, pois – fundamentado nos postulados constitucionais de *intervenção mínima* do Direito Penal e da *proporcionalidade* da pena em relação à gravidade do crime -, determina que, caso a lesão ou efetiva ameaça à integridade do bem jurídico protegido pela norma penal seja de pouca ou nenhuma repercussão, a conduta será *atípica*. E aqui, quando da aplicação do

Princípio da Insignificância, existem duas correntes: uma, que defende a ausência da "tipicidade formal" da conduta (onde existiria uma ausência de ilicitude ou antijuridicidade) e outra – à qual nos filiamos -, que defende a existência de circunstância excludente da própria "tipicidade material" da conduta (a conduta seria materialmente atípica), de construção mais garantista, e adotada tanto pelo STJ, quanto pelo STF.

Conforme a classificação dos crimes informáticos aqui proposta (para a qual remetemos o leitor ao tópico 2.1), nos chamados crimes informáticos impróprios, os bens jurídicos a serem resguardados pela norma seriam bens jurídicos já protegidos pelo ordenamento jurídico-penal vigente, tais como: a intimidade, a honra, a propriedade, etc. Como exemplo: no caso dos ransomwares, um tipo de malware que desestabiliza ou trava o funcionamento de sistemas de informática até que se pague aos criminosos que o disseminaram, um resgate para retorno da estabilidade dos mesmos.

Já para os chamados crimes informáticos próprios, os bens jurídicos protegidos seriam bens jurídicos intrinsecamente informáticos, muitos ainda não devidamente protegidos pelo nosso Código Penal e legislações especiais, como os adotados pela Convenção de Budapeste: a "confidencialidade, a integridade e a disponibilidade de sistemas de computador, redes e dados de computador" (grifos nossos).

A segurança do bem jurídico penalmente protegido – tal como elencado pelo legislador, dentro de toda uma política criminal, e atendendo às normas Constitucionais - deve ser sempre o fim a que se destina a norma penal, e um limite do qual não devem ultrapassar os órgãos de persecução criminal.

.

1.4 A Estrutura Analítica do Conceito de Crime

Segundo consta na Lei de Introdução ao Código Penal Brasileiro (Decreto-lei n. 3.914/41):

> *Considera-se crime a infração a que a lei comina pena de reclusão ou detenção, quer isoladamente, quer alternativa ou cumulativamente com a pena de multa; contravenção, a infração a que a lei comina, isoladamente, pena de prisão simples ou de multa, ou ambas, alternativa ou cumulativamente.*

O legislador tratou, portanto, somente de uma distinção entre os efeitos derivados da prática de crime e contravenção, espécies de delito; não se ateve, portanto, a *conceituar* o que seria crime. Outrossim, coube à boa doutrina essa tarefa, a qual se desincumbiu à exaustão (remete-se, aqui, o leitor, mais uma vez, às referências bibliográficas ao fim do livro).

Para os fins a que se destinam esta obra, apresentamosmuito concisamente as concepções **material**, **formal** e **analítica**, que conceituam o crime, assimexpostas:

- conceito material: (NUCCI, 2015), "*(crime) é a conduta que ofende um bem juridicamente tutelado, merecedora de pena*"[17], assim como entendido pela sociedade atual. Trata-se de um conceito aberto, e que irá orientar o legislador sobre o que a sociedade espera que seja devidamente protegido por uma norma incriminadora e o que seria irrelevante; enfim, capaz de orientar toda a formulação de uma política de legislação criminal.

- conceito formal: Sob o aspecto formal, o conceito de crime resulta da mera subsunção da conduta ao tipo legal; ou, segundo Rogério Greco: "*Sob o aspecto formal, crime seria toda conduta que atentasse, que colidisse frontalmente contra a lei penal editada pelo Estado*"[18].

- conceito analítico: apresenta o conceito formal subdividido em elementos distintos, de forma a facilitar o seu entendimento.

Do ponto de vista analítico, hoje se define crime como sendo uma ação **típica**, **antijurídica** e **culpável** (NUCCI, 2015):

> uma ação ou omissão ajustada a um modelo legal de conduta proibida (tipicidade), contrária ao direito (antijuridicidade) e sujeita a um juízo de reprovação

social incidente sobre o fato e seu autor, desde que existam imputabilidade, consciência potencial de ilicitude e exigibilidade e possibilidade de agir conforme o direito.[19]

Essa concepção, dita **tripartida**, é hoje adotada pela maior parte da boa doutrina penal pátria.

Ainda, seguindo a lição de NUCCI[20], temos:

a. **Tipicidade**: Fato típico seria a conduta que leva a um resultado, ligados por nexo causal, e amoldados ao dispositivo legal. Haverá *tipicidade* quando o fato real é perfeitamente adequado ao tipo penal. Para que atenda ao Princípio da Reserva Lega, o tipo penal deverá conter: a.1) título ou "nomen juris": um nome ou rubrica do modelo de comportamento. Ex: lesão corporal , constrangimento ilegal, ameaça, ...; a.2) preceito primário: é a descrição da conduta proibida (quando se refere ao tipo incriminador), ou da conduta permitida (quando se refere ao tipo permissivo); a.3) preceito secundário: é a parte sancionadora (que ocorre somente nos tipos incriminadores); é a que estabelece a sanção penal. Importante anotar que, para a caracterização da conduta, indispensável a existência do binômio **vontade** e **consciência**.

Digno de nota, o **Princípio da Insignificância**, o qual, embora não encontre previsão legal, tem criação doutrinária amplamente assimilada pela jurisprudência. Esse princípio, segundo o STF[21], afasta a própria tipicidade penal da conduta, levando o réu à absolvição sumária, desde que preenchidos TODOS os seguintes critérios: I. mínima ofensividade da conduta do agente; II. nenhuma periculosidade da ação; III. reduzidíssimo grau de reprovabilidade do comportamento; IV. inexpressividade da lesão jurídica provocada.

b. **Antijuridicidade**: Ou ilicitude. É a conduta contrária ao direito (em seu aspecto formal), e que vem a causar efetiva lesão ao bem juridicamente tutelado (aspecto material). No art. 23 do Código Penal, relacionam-se situações em que são excepcionadas determinadas contrariedades da conduta ao direito, a saber: I. Estado de necessidade; II. Legítima defesa; III. Estrito cumprimento de dever legal ou exercício regular de direito. São as chamadas **excludentes de antijuridicidade** ou **excludentes de ilicitude**.

O próprio Código Penal explica e delimita tais excepcionalidades.

No art. 24: "*Considera-se em* **estado de necessidade** *quem pratica o fato para salvar de perigo atual, que não provocou por sua vontade, nem podia de outro modo evitar, direito próprio ou alheio, cujo sacrifício, nas circunstâncias, não era razoável exigir-se.*" (Grifo nosso). Continua o mesmo dispositivo, em seu parágrafo 1º: "*Não pode alegar estado de necessidade quem tinha o dever legal de enfrentar o perigo.*" Em complemento, dispõe o parágrafo 2º que, ainda que ainda que seja razoável exigir-se o sacrifício do direito ameaçado, a pena poderá ser reduzida de um a dois terços. Portanto, o Código Penal adotou a **Teoria Unitária**, em que apenas incidirá a excludente de ilicitude se o bem sacrificado for de valor menor ou igual ao bem preservado, pois caso seja de valor superior, subsiste o crime, aplicando-se, tão somente, a diminuição da pena. Exemplo de estado de necessidade: o pai que, vendo sua filha passar mal do coração, arromba a garagem do vizinho e pega seu carro sem autorização para levar sua filha ao hospital para atendimento de emergência.

No art. 25: "*Entende-se em* **legítima defesa** *quem, usando moderadamente dos meios necessários, repele injusta agressão, atual ou iminente, a direito seu ou de outrem.*"(Grifo nosso). O uso *moderado dos meios necessários* (NUCCI, 2015) implica em se utilizar dos "*meios eficazes e suficientes para repelir a agressão ao direito, causando o menor dano possível ao atacante*". Eventuais excessos serão punidos, analisado o caso concreto. O caráter *injusto* da agressão implica em agressão não provocada. Exemplo de legítima defesa: o cidadão que, dirigindo seu veículo à noite, presencia, na rua, uma tentativa de assalto a mão armada de um cidadão e projeta seu carro em cima do assaltante, livrando o cidadão do risco injusto, atual e não provocado, de ser morto pelo criminoso.

O **estrito cumprimento do dever legal** caracteriza-se na ação praticada em cumprimento de um dever imposto por lei em sentido lato (podendo ser: lei ordinária, decreto, regulamento,..), seja penal ou extrapenal, desde que, por óbvio, originária de poder público competente. Exemplo: o Oficial de Justiça que viola domicílio, a fim de cumprir uma ordem de despejo.

Por último, ensina BITENCOURT (2013, p. 432/433), o **exercício regular de direito** afastará a antijuridicidade quando *"... se contiver nos limites objetivos e subjetivos, formais e materiais impostos pelos próprios fins do Direito"*. Ou seja, sendo o direito *regularmente exercido* (seja penal, extrapenal, público ou privado), restará afastada a antijuridicidade. Exemplo citado na doutrina: a defesa do esbulho possessório recente (art. 1210, parágrafo 1º, CC: *"O possuidor turbado, ou esbulhado, poderá manter-se ou restituir-se por sua própria força, contanto que o faça logo; os atos de defesa, ou de desforço, não podem ir além do indispensável à manutenção, ou restituição da posse."*).

c. **Culpabilidade**: o conceito de culpabilidade é um conceito dinâmico no tempo, tendo se modificado conforme evolução da vida em sociedade. Refoge ao foco desta modesta obra a evolução desse conceito, mas o leitor interessado em se aprofundar na evolução dogmática do conceito de culpabilidade achará boas referências ao final desta obra. Para nos situarmos no tema do livro, basta entendermos a definição atual, derivada da *teoria normativa pura*: define-se a culpabilidade como sendo um juízo de reprovabilidade social, que incide sobre o fato e seu autor, **desde que** esse último seja imputável, atue com consciência potencial de ilicitude, e tenha a possibilidade e exigibilidade de atuação de modo diverso, conforme as regras impostas pelo Direito. É, portanto, para a teoria finalista (da qual derivou a teoria normativa pura), um juízo de censura que se faz ao autor de um fato criminoso. Serão consideradas excludentes de culpabilidade, conforme NUCCI[22]:

" I – Quanto ao agente do fato:

a) existência de doença mental ou desenvolvimento mental incompleto ou retardado (art. 26, caput, CP);

b) existência de embriaguez decorrente de vício (art. 26, caput, CP);

c) menoridade (art. 27, CP);

II – Quanto ao fato:

II.I Legais:

a) coação moral irresistível (art. 22, CP);

b) obediência hierárquica (art. 22, CP);

c) embriaguez decorrente de caso fortuito ou força maior (art. 28, parágrafo 1º, CP);

d) erro de proibição escusável (art. 21, CP);

e) descriminantes putativas;

II.I Supralegais:

a) inexigibilidade de conduta diversa;

b) estado de necessidade exculpante;

c) excesso exculpante;

d) excesso acidental."

As teorias que descrevem, de forma analítica, o conceito de crime estão em contínua evolução, e recomenda-se o acompanhamento do estudo desse tema por meio da leitura habitual de boa doutrina, a exemplo das referenciadas ao fim deste livro.

2. Dos crimes informáticos

2.1 Classificação dos Crimes Informáticos

Sobre os crimes informatizados, em si, a doutrina não se furtou em classificá-los. Hervé Croze e Yves Bismuth (*Droit de l´informatique*, 1986, apud FERREIRA, 2001, pg. 214-215), propuseram classificar os crimes informatizados em duas categorias diferentes:

a. Os crimes cometidos contra outros bens jurídicos, por meio de um sistema de informática;
b. Os crimes cometidos contra um sistema de informática, seja qual for a motivação do agente.

Seguindo essa linha, muito utilizada pela doutrina pátria (Damásio, Luiz Flávio Gomes, dentre outros), a seguinte classificação:

A) **crimes impróprios** os crimes que, apesar de serem cometidos por meio de sistemas informatizados, poderiam sê-lo, independentemente do sistema informatizado, violando bens jurídicos já protegidos no Código Penal.

Entre os crimes informáticos impróprios mais comuns no Brasil, destacamos: extorsão, falsidade ideológica, ameaça, pornografia infantil, furto qualificado por fraude (art. 155, §4º, II, CP), estelionato (art. 171, CP), induzimento, instigação ou auxílio ao suicídio (art. 122, CP), dentre outros. Até o homicídio pode, em determinados casos, tratar-se de crime informático; exemplo encontrado na doutrina: em hospital automatizado, criminoso aumenta a radiação para tratamento de um paciente, à distância, pela Internet, visando se chegar a uma dose letal.

Uma forma muito comum de crime informático impróprio – principalmente via exposição em redes sociais - é o crime contra a honra. A Constituição Federal de 1988 traz em seu art. 5º, X, a proteção à *intimidade*, à *vida privada*, à *honra* e à *imagem* das pessoas. COSTA JR ressalta, *ab initio*, a diferença entre o direito ao respeito à *vida privada* e o direito à *intimidade*; o direito ao respeito à vida privada é o direito de não permitir que terceiro venha a conhecer das particularidades da vida alheia (destaca o *"direito de impedir que intrusos venham a intrometer-se na sua vida particular"*); já o direito à intimidade seria sucessivo ao primeiro, onde reside o direito da pessoa em se defender da divulgação de notícias suas, particulares, mesmo se legitimamente conhecidas pelo que pretende divulgá-las.

Os crimes contra a honra mereceram destaque no Código Penal, em seu Capítulo V, onde se encontram as descrições dos fatos típicos e penas cominadas. Mesmo quando utilizados meios informáticos, portanto, seguem o previsto no Código Penal.

B) **crimes próprios**, onde os bens jurídicos violados são os próprios dados computacionais, e que só podem ser perpetrados por meio de sistemas de informática, sendo, sem esses, impossível a execução do ato e consumação do delito. São, em geral, delitos recentes, ou, até mesmo, crimes ainda não tipificados.

Entre os crimes informáticos próprios mais comuns no Brasil, citamos: invasão a dispositivos informáticos para furtos de senhas, obtenção e transferência ilegal de dados; dano a banco de dados ou sistemas de informação; disseminação de vírus; ataques de *phishing* (expediente em que a vítima é levada a acessar anúncios falsos, em determinados links, e que, uma vez acessados, baixam na máquina um programa autoexecutável (Cavalo de Troia), ou Keylogger, ambos destinados à captura de senhas); *socialengineering* (um tipo de fraude virtual, ou estelionato virtual, na qual o usuário é induzido a preencher determinado formulário tido como confiável, mas, na verdade, está fornecendo dados para que os criminosos tirem vantagens, invariavelmente senhas de bancos); *pharming*, que é a técnica pela qual se modificam os servidores de nome de domínio (*Domain Name System Servers*, DNS), para que o mesmo conduza a um endereço que contenha um site falso, que, invariavelmente, coletará dados sigilosos do usuário; e outros.

C) **crimes informáticos mistos**, onde há a violação conjunta de dados computacionais, bem como de bens jurídicos a esses distintos.

2.2 Sujeitos ativos e passivos no crime informático

a) **Sujeitos ativos:**

A denominação de "*hacker*" e "*cracker*" já suscitou, em outros tempos, muita confusão terminológica; porém, na verdade, não se confundem. Senão, vejamos:

Hackers são indivíduos que possuem muitas habilidades técnicas: raciocínio matemático, domínio na manipulação de hardwares e softwares; conhecimentos profundos em criptografia e em segurança digital, desenho de arquiteturas de rede, levantamento de falhas em firewalls, etc. Em geral são profissionais bastante procurados pelas empresas, para construir e testar defesas de sistemas de informática corporativos de incursões externas e internas, não autorizadas. Porém, muitos não trabalham de maneira formal, recebendo pagamentos por empreitada, até pelo perfil pouco social e pouco afeto a obedecerem regras, que costumam apresentar.

Crackers são indivíduos com exatamente as mesmas habilidades dos hackers, porém, as utilizam para atividades ilícitas, e mesmo criminosas.

Entretanto, hoje, esta divisão tão maniqueísta não é mais utilizada, e surgiram nuances categorizadas como "*chapéus*" ou "*hats*", da seguinte forma: "*WhiteHat*", aquele que segue à risca a lei e a ética hacker; "*BlackHat*", que não segue de nenhuma forma a lei e a ética hacker (seriam os antigos "crackers") e, por último, os "*GrayHat*", que, em geral, seguem os ditames da lei, porém, por vezes, muito independentes, se desviam da ética hacker e mesmo da lei, para satisfazer interesses próprios; podem agir como cidadãos conscientes, mas, por vezes, até como criminosos.

Porém, note-se, contrário senso, nem sempre temos à frente de crimes informáticos, especialistas como "*hackers*" ou "*crackers*". Aliás, na grande maioria das vezes, trata-se de pessoas comuns, de conhecimento bastante genérico em informática, que agem cometendo esse tipo de crime. Isto se dá, pela maior facilidade no uso de interfaces no ambiente da internet, e até pela compra de softwares maliciosos no mercado negro, que torna relativamente simples hackear um computador alheio e levantar informações que lhes possam trazer algum proveito econômico ilícito de usuários incautos, a exemplo de roubo de senhas ou número de cartões de crédito.

Outra observação digna de nota é que uma parcela significativa dos crimes informáticos que assolam as corporações é conduzida por agente internos a essa corporação (empregados ou ex-empregados), já afetos ao sistema informático de suas empregadoras, o que torna o acesso ilícito ainda mais fácil.

.   Em relação a crimes de honra e/ou exposição de intimidade à terceiros, geralmente os autores do crime são pessoas conhecidas da vítima, como ex-cônjuges, ex-namorados, ou companheiros eventuais que, ao fim do relacionamento, expõem imagens (filmes, fotografias, relatos,..) em locais de acesso público. Também, em sua grande maioria, os agentes que incorrem nessa conduta são do sexo masculino.

Um crime que tem sido muito combatido, inclusive por meio de agentes federais dedicados, é o crime de pedofilia. A pedofilia é a abjeta atração sexual por crianças (*ped*, do grego, significa "criança"). Segundo HOLMES[23]: "*Na maioria dos casos de pedofilia a criança tem menos de 13 anos de idade (pré-púbere) e o indivíduo molestador é um homem de 16 anos ou mais (pós-púbere)*". Ainda, HOLMES: "*Frequentemente pensa-se sobre os indivíduos que molestam sexualmente a crianças como "personagens marginais"* ou *"velhos sujos"*, mas este geralmente não é o caso. [...] Provavelmente é porque os molestadores de crianças não se encaixam no estereótipo, que muitos deles passam despercebidos; ninguém suspeita que estes indivíduos de outro modo normais engajam-se em tal comportamento e relatos feitos por crianças, quando o são, não são considerados".

b) Sujeitos passivos:

São sujeitos passivos dos crimes informáticos os usuários diretos e indiretos da internet. Podem ser pessoas físicas ou jurídicas, que se servem a todo momento, ou em determinadas situações, da rede mundial de computadores. Atualmente, é muito difícil não se expor - voluntária ou involuntariamente – na internet. As pessoas se expõem voluntariamente em redes sociais como o Facebook, o Instagram, o Twitter, e outros mais; ou involuntariamente, preenchendo cadastros em lojas, ou sites que oferecem serviços ou determinadas promoções e sorteios.

As vítimas de crimes de motivação sexual e/ou exposição não autorizada de imagens íntimas, notadamente, são vítimas jovens, adolescentes, e do sexo feminino.

Já o perfil das vítimas de fraudes financeiras por meio da internet são, em sua maioria, usuários pouco afetos às novas tecnologias, sendo parte significativa, os de idade mais avançada.

Muito preocupante é a situação de crianças e adolescentes vítimas de pedófilos que abordam as vítimas, muitas vezes em salas de chats ou grupos de redes sociais, se fazendo passar por adolescentes de mesma idade. Acabam por conseguir convencê-los a enviar fotos sensuais, ou mesmo a se encontrar em locais ermos, onde, não raro acontecem abusos e estupro.

Por óbvio, esses são perfis de maior incidência, havendo exceções, porém, são menos representativas.

3. A Lei Penal de combate aos crimes informáticos:

3.1 Convenção de Budapeste sobre Crimes Informáticos:

Em 23 de novembro de 2001, na cidade de Budapeste, Hungria - com o mundo ainda sob o manto de insegurança gerado pelo atentado de 11 de setembro nos EUA -, restou firmada a Convenção do Conselho Europeu sobre o Cibercrime, mais conhecida como a *Convenção de Budapeste*. Esse tratado internacional multilateral de Direito Penal e de Direito Processual Penal - firmado no âmbito do Conselho da Europa -, pretendeu trazer efetividade às investigações e ações penais relativas à crimes informáticos, bem como facilitar a obtenção de conjunto probatório para instruir tais ações, provas normalmente difíceis de se reunir, dadas as características mais voláteis e efêmeras dos rastros deixados na esfera virtual.

Do Preâmbulo da Convenção de Budapeste, destacamos:

> *"Convencidos da necessidade de perseguir, como matéria prioritária, uma política criminal comum direcionada à proteção da sociedade contra o cibercrime, inter alia, por meio da adoção de legislação apropriada e promoção de crescimento da cooperação internacional;"*

A Convenção de Budapeste, pois, traz em seu bojo recomendações aos países signatários, para que estes se comprometam a tecer uma rede normativa coordenada, transnacional, de modo a não permitir que omissões e/ou disparidades no trato normativo da repressão aos crimes informáticos venham a deixar margem para a ação de crimes transnacionais (até porque, o conceito de fronteiras entre as nações não encontra muita guarida no mundo virtual).

Ainda, prossegue o documento:

> *"Convencidos de que a presente Convenção é necessária para prevenir ações diretas contra a **confidencialidade**, a **integridade** e a **disponibilidade** de **sistemas de computador**, **redes** e **dados de computador**, assim como a má utilização desses, provendo a criminalização de cada conduta, conforme descrito nessa Convenção, e a adição de poderes suficientes para combater efetivamente cada ofensa criminal, atuando na detecção, na investigação e na perseguição de cada ofensa criminal, tanto no nível nacional quanto internacional, e proporcionado um planejamento para uma cooperação internacional rápida e eficaz;"* (grifos nossos)

Portanto, destaque para a menção da *confidencialidade*, a *integridade* e a *disponibilidade de sistemas de computador, redes* e *dados de computador* como **bens jurídicos** a serem protegidos pelos sistemas normativos penais de cada Estado signatário.

A definição desses bens, elencados como bens juridicamente importantes a ponto de merecerem proteção de um sistema penal de âmbito transnacional, é um importante indicador de como deve cada Estado estruturar sua legislação penal pátria, de forma a combater com eficácia os crimes informáticos dentro de suas fronteiras.

Integram o tratado multilateral os Estados Membros do Conselho da Europa e os Estados signatários. Até a data consultada para fins de compilação deste trabalho (22.05.2017), o Brasil não havia, ainda, assinado a Convenção de Budapeste.[24]

No início de 2017, Rodrigo Janot, Procurador-Geral da República, durante o Fórum Econômico Mundial de Davos (WEF), em reportagem trazida pelo jornal O Globo, alertou para o fato[25]:

> *"- O Brasil não subscreveu a convenção de Budapeste ainda. Estamos conversando com as pessoas aqui em Davos sem um marco normativo internacional para que a gente possa cooperar. Mas a ideia é juntar iniciativa pública e privada nesse*

objetivo comum que é combater a cibercriminalidade - afirmou Janot, acrescentando:

- Isso prejudica, com certeza. Esperamos que o Brasil subscreva o mais rápido possível. O Brasil é visto como uma liderança na América Latina, portanto, o que eles querem é que o Brasil entre na linha de frente dessa discussão".

O objetivo inicial, ainda segundo Janot, seria o de criar uma rede de combate aos crimes de tráfico de pessoas, e de pedofilia.

3.2 Soluções normativas em vigor

A Lei nº 12.737/2012, conhecida como *"Lei Carolina Dieckmann"* (sobre a qual trazemos mais detalhes no item 3.3) trouxe importante inovação no combate ao crime de invasão ao sistema informático alheio, ao acrescentar referido tipo penal na forma dos artigos 154-A e 154-B, do Código Penal.

Ainda, a mesma lei, acrescentou os parágrafos 1º e 2º ao artigo 266 do Código Penal Brasileiro, e § único ao art. 298, também do Código Penal. O artigo 266 traz o crime de perturbação ou interrupção de serviços ligados à comunicação, para o qual estabelece a pena de 1 (um) a 3 (três) anos, e multa. Ao incluir os novos parágrafos, o ordenamento inclui no alcance da norma os serviços telemáticos ou de utilidade pública, abarcando, assim, os ilícitos cometidos contra **dados informáticos**, elevados, pois, ao status de bens jurídicos penalmente relevantes.

Já em relação ao parágrafo incluído no artigo 298 (o qual tipifica o crime de falsificação de documento particular), passa a estender os efeitos da norma aos cartões de crédito e de débito – alvos comuns de ataques informáticos -, os quais receberam do legislador a qualidade de documento particular devidamente reconhecido, e protegido, pela norma penal.

Anteriormente, a Lei nº 9.983/2000 incluiu o art. 313-A do CP (*Inserir ou facilitar, o funcionário autorizado, a inserção de dados falsos, alterar ou excluir indevidamente dados corretos nos sistemas informatizados ou bancos de dados da Administração Pública com o fim de obter vantagem indevida para si ou para outrem ou para causar dano*); o art. 313-B (*Modificar ou alterar, o funcionário, sistema de informações ou programa de informática sem autorização ou solicitação de autoridade competente)*; art. 125, parágrafo 1º, inciso I (*permite ou facilita, mediante atribuição, fornecimento e empréstimo de senha ou qualquer outra forma, o acesso de pessoas não autorizadas a sistemas de informações ou banco de dados da Administração Pública*) e inciso II (*se utiliza, indevidamente, do acesso restrito).*

A Lei nº 8.137/1990 (Lei de Crimes contra a Ordem Tributária) contém, em seu art. 2º, inciso V : "*utilizar ou divulgar programa de processamento de dados que permita ao sujeito passivo da obrigação tributária possuir informação contábil diversa daquela que é, por lei, fornecida à Fazenda Pública)*".

A Lei nº 8.935/94, que regulamenta o art. 236 da Constituição Federal, dispondo sobre serviços notariais e de registro (Lei dos Cartórios), traz inovação importante em investigações que envolvam postagens na Internet, quando uma Ata Notarial pode ser a melhor alternativa para registro do fato, via fotografia da tela.

A Lei nº 9.504/1997 (que estabelece normas para as eleições), contém, em seu art. 72, incisos I, II e III, referências a crimes informáticos de natureza eleitoral.

A Lei nº 11.829/2008 trouxe alterações ao Estatuto da Criança e do Adolescente, de forma a coibir "*a produção, venda e distribuição de pornografia infantil, bem como criminalizar a aquisição e a posse de tal material e outras condutas relacionadas à pedofilia na internet*".O crime de pedofilia, invariavelmente, esconde verdadeiras organizações criminosas a praticar tal abjeta conduta, se valendo do anonimato e proteção constitucional à intimidade/privacidade.

Não há como deixar de mencionar, também, a Lei nº 12.965/2014 (conhecida como Marco Civil da Internet Brasileira), que veio a trazer mudanças significativas no ordenamento jurídico pátrio no que tange a abordagem e tratativa de ações judiciais que tratam de crimes cibernéticos. Porém, a despeito do grande avanço trazido, foi duramente criticada pelo exíguo prazo mínimo durante o qual os provedores de conexão à Internet, e os provedores de aplicação de Internet, deverão manter os seus registros de acessos:

> *Art. 13. Na provisão de conexão à internet, cabe ao administrador de sistema autônomo respectivo o dever de manter os registros de conexão, sob sigilo, em ambiente controlado e de segurança, pelo **prazo de 1 (um) ano**, nos termos do regulamento. (grifo nosso)*
>
> *Art. 15. O provedor de aplicações de internet constituído na forma de pessoa jurídica e que exerça essa atividade de forma organizada, profissionalmente e com fins econômicos deverá manter os respectivos registros de acesso a aplicações de internet, sob sigilo, em ambiente controlado e de segurança, pelo **prazo de 6 (seis) meses**, nos termos do regulamento. (grifo nosso)*

A Lei nº 13.188/2015 incluiu o Parágrafo único ao art. 143 (que prevê possibilidade de retratação à calúnia ou difamação), com a seguinte redação: *"Nos casos em que o querelado tenha praticado a calúnia ou a difamação utilizando-se de meios de comunicação, a retratação dar-se-á, se assim desejar o ofendido, pelos mesmos meios em que se praticou a ofensa."*

Recentemente, a Lei nº 13.441/2017 – alterando a Lei nº 8.069/1990, o Estatuto da Criança e do Adolescente - criou dispositivos que regulam a infiltração de agentes de polícia na Internet com o fim de investigar crimes contra a dignidade sexual de crianças e adolescentes (mais detalhadamente tratada, adiante).

Portanto, referidas leis trouxeram em seu bojo alguns dispositivos que criminalizam determinadas condutas ilícitas e buscam dotar os órgãos de repressão ao crime, de instrumentos processuais jurídicos de combate aos crimes informáticos.

Porém, veremos adiante, a proteção da norma ainda é insuficiente, e os criminosos se valem, por vezes, da timidez legislativa para crescer em suas atividades criminosas.

3.3 Dos crimes de violação da intimidade

A Lei nº 12.737/2012 – como vimos anteriormente, conhecida como "*Lei Carolina Dieckmann*" – trouxe importante inovação no combate ao crime de invasão ao sistema informático alheio para fins de obter, sem o consentimento do titular do dispositivo, arquivos, dados e informações pessoais.

O Projeto de Lei nº 2.793/2011,do deputado Paulo Teixeira, já estava seguindo seu trâmite legislativo normal no Congresso – junto a vários outros, versando sobre o mesmo tema-, quando, em maio de 2011, teve destaque na mídia o furto de 36 fotos íntimas de Carolina Dieckmann, quando a atriz levou seu computador para manutenção técnica, e, posteriormente, sofreu chantagem para a não divulgação dessas fotos, que acabaram por ser expostas na Internet. Na época dos fatos, mesmo ante a lacuna normativa de então, os cinco responsáveis pelo delito foram julgados e condenados pelos crimes de extorsão, furto e difamação (não havia ainda o tipo criminal de invasão de dados em computadores).

Esse acontecimento, de grande repercussão na mídia, na época, acelerou o processo legislativo de referido projeto de lei, fazendo, então, a Lei nº 12.737/2012 ser sancionada em 3 de dezembro de 2012, pela então

Presidente Dilma Rousseff. A Lei, que ficou conhecida pela mídia e pela população pela alcunha de "*Lei Carolina Dieckmann*", tratou de definir como crime, pela inclusão no artigo 154-A do Código Penal, o seguinte tipo:

> "*Invadir dispositivo informático alheio, conectado ou não à rede de computadores, mediante violação indevida de mecanismo de segurança e com o fim de obter, adulterar ou destruir dados ou informações sem autorização expressa ou tácita do titular do dispositivo ou instalar vulnerabilidades para obter vantagem ilícita*".

Em seu parágrafo 1º, aduz ainda: "*Na mesma pena incorre quem produz, oferece, distribui, vende ou difunde dispositivo ou programa de computador com o intuito de permitir a prática da conduta definida no caput*". O dispositivo prevê aos infratores as penas de reclusão de três meses a um ano e multa, e, em demais parágrafos, formas qualificadas do resultado.

Segundo MASSON[26], só há crime quando a conduta recai sobre dispositivo alheio (acrescente-se a necessidade de haver violação de mecanismo de segurança, como uma senha de acesso); o elemento normativo do tipo é a violação indevida (sem justa causa ou ilegítima) de mecanismo de segurança; o elemento subjetivo é o dolo acrescido de uma finalidade específica (elemento subjetivo específico); por fim, ressalta MASSON, não há a modalidade culposa e existe a modalidade tentada. A ação penal será, em regra, pública condicionada, à exceção do previsto no art. 154-B ("*crime é cometido contra a administração pública direta ou indireta de qualquer dos Poderes da União, Estados, Distrito Federal ou Municípios ou contra empresas concessionárias de serviços públicos*"), que será de ação penal pública incondicionada.

Porém, por vezes, embora exista o consentimento do titular do dispositivo informático para o acesso de *determinada pessoa* a informações privadas, esta pessoa acaba por divulgá-las – sem consentimento para tanto -, a terceiros não autorizados.

Um tipo de crime merece destaque, pela freqüência com que vem acontecendo na sociedade atual: trata-se do caso em que pessoas – notadamente mulheres, e, em grande parte adolescentes – têm suas intimidades sexuais indevidamente expostas em redes sociais e em aplicativos de *smartphones* como o *WhatsApp*, sem os seus consentimentos, após encaminharem fotos ou vídeos sensuais a namorados ou parceiros eventuais, ou mesmo permitindo registro em vídeo de suas relações sexuais na intimidade. Uma vez compartilhado o material – vídeos ou fotos - na rede, a distribuição é rápida e se perde o controle do alcance da divulgação, gerando danos, por vezes, de difícil reparação, ainda mais quando se trata de adolescentes, cuja formação da personalidade ainda não está completa, o que pode levar a danos psicológicos irreparáveis.

A intimidade, a vida privada, a honra e a imagem das pessoas são direitos resguardados no art. 5º, X, CF/88.

Verificamos que a tutela penal que aqui se pretende é a da *liberdade individual* de se manter segredos particulares, e, portanto, mais especificamente, a *privacidade da pessoa* em dispositivo informático.Conforme entende NUCCI, *privacidade* envolve a liberdade pessoal de se resguardar a intimidade, a vida privada, a honra, a inviolabilidade de comunicação e correspondência e a livre manifestação do pensamento, do acesso não autorizado de terceiros.

Em obra que discorre sobre a Tutela Penal da Intimidade[27], Paulo José da Costa Jr faz importante ressalva:

> " [...] para que se pudesse falar de intrusão, seria necessário que existisse, anteriormente, um momento de ilicitude, o que não se configura. O extraneus foi trazido para a vida privada pelo seu legítimo titular, que dela podia livremente dispor. Não houve, pois, invasão. Adquiriu o terceiro

legitimamente os segredos que lhe foram confiados. Sem fraude, sem captação irregular. No momento ulterior, abusou da confiança depositada, divulgando as intimidades reveladas. Faz-se mister distinguir ambas as hipóteses. Numa, a intimidade é agredida, porque violada. Noutra, a intimidade é lesada, porque divulgada. No primeiro caso, a aquisição das notícias íntimas é ilegítima. No segundo, embora legítima a aquisição dasnotícias, não é lícita a ulterior revelação. Aqui, a violação opera de dentro para fora, ao serem difundidas as intimidades legitimamente conquistadas. Acolá, a violação se faz de fora para dentro no instante da interferência indevida".

Embora tenhamos, pois, a proteção à violação da intimidade por invasão de dispositivos informáticos, por meio do artigo 154-A, ainda não temos a tutela penal da intimidade por divulgação indevida de segredos ou momentos de intimidade, mesmo que legitimamente confiados (à exceção do previsto no ECA, para vítimas crianças e adolescentes, em artigo 241-A).

Dependendo do caso em concreto, há a possibilidade de se tipificar o ato como DIFAMAÇÃO (*"Art. 139 -Difamar alguém, imputando-lhe fato ofensivo à sua reputação"*), como INJÚRIA (*"Art. 140 - Injuriar alguém, ofendendo-lhe a dignidade ou o decoro"*), ou mesmo como o crime previsto no artigo 241-A do Estatuto da Criança e do Adolescente (ECA), que qualifica como crime grave a divulgação de fotos, gravações ou imagens de crianças ou adolescentes em situação de sexo explícito ou pornográfica (*"Oferecer, trocar, disponibilizar, transmitir, distribuir, publicar ou divulgar por qualquer meio, inclusive por meio de sistema de informática ou telemático, fotografia, vídeo ou outro registro que contenha cena de sexo explícito ou pornográfica envolvendo criança ou adolescente:"*)

À subsunção dos fatos aos tipos penais, ressalte-se, soma-se a responsabilidade de indenização na esfera cível.

Embora, quase sempre, a edição de novos tipos penais, bem como o recrudescimento das penas previstas seja solução simplória, neste caso, defendemos, sim, a necessidade de reformas normativas nesse sentido. Já há, inclusive, bons Projetos de Lei em trâmite, como o Projeto de Lei de autoria do Deputado Federal João Arruda (PMDB/PR)[28], sob o número PL 5555/13, que reconhece como uma das formas de violência doméstica e familiar, a violação da intimidade da mulher; ainda, o mesmo Projeto de Lei, tipifica a exposição pública da intimidade sexual, e altera a Lei n° 11.340, de 7 de agosto de 2006 - Lei Maria da Penha - criando mecanismos para o combate a condutas ofensivas contra a mulher na Internet ou em outros meios de propagação da informação. O projeto teve aprovado, recentemente, e por unanimidade, o pedido de Requerimento de Urgência (Art. 155 do RICD), pelo Plenário da Câmara dos Deputados, devendo ainda passar a ser votado no Senado Federal, e sancionado pelo Presidente da República.

4. Consideraçõese particularidades na aplicação da lei penal nos delitos informáticos:

4.1 Doproblema da tipicidade:

Importante, também, ressaltar alguns aspectos da *tipicidade*. A Constituição Federal consagra, em seu art. 5º, XXXIX, o Princípio da Legalidade, verdadeiro corolário da noção de Estado de Direito. *In verbis*: "*Não há crime sem lei anterior que o defina, nem pena sem prévia cominação legal*". Isso significa que o Estado só pode punir crimes tipificados em lei e aplicar penas nela cominadas (Princípio da Reserva Legal, da Legalidade estrita ou da Tipicidade: *Nullum crimen sine lege.Nulla poena sine lege*).

Tipicidade é, pois,uma consequência direta do Princípio da Legalidade. Trata-se do instrumento de adequação do fato real ao tipo; e o fato típico, por sua vez, é a conduta ligada a um resultado pelo nexo causal, e esse resultado conformado ao modelo legal.

Para BITENCOURT, "*No atual estágio da teoria do delito, deve-se partir do ponto de vista de que no tipo somente se admitem aqueles elementos que fundamentam o conteúdo material do injusto. O tipo tema finalidade precípua de identificar o bem jurídico protegido pelo legislador*".[29]

Porém, bem coloca o Procurador da República Dr. Vladimir ARAS: "*Um fato somente será típico se a lei descrever, previamente e pormenorizadamente, todos os elementos da conduta humana tida como ilícita. Só assim será legítimo o atuar da Polícia Judiciária, do Ministério Público e da Justiça Penal*".[30]

Para os crimes informáticos do tipo impróprios, não há que se inovar, eis que os tipos já estão definidos em lei, somente os *meios* empregados são os meios informáticos.

No entanto, para parte considerável dos ditos crimes informáticos próprios, não se encontra ainda em lei – seja no Código Penal, seja em leis especiais penais, seja em tratados internacionais de que o Brasil faça parte -, qualquer tipificação da conduta lesiva. Portanto, é imperativo o legislador se ocupar de criar os tipos penais necessários e relevantes para a devida proteção dos bens jurídicos que passaram a serem ameaçados, por conta da informatização da sociedade.

Pela característica dinâmica das tecnologias envolvidas no meio informático, e pela própria criatividade humana - berço sem fim de realizações tanto para o bem, quanto para o mal -, novos crimes informáticos surgem a cada momento. Porém, a construção dogmática que embasa a criação legislativa penal ora necessária, e a própria criação legislativa, por si mesma, sabemos, não anda no mesmo passo, e isso vem criando uma insegurança palpável num meio em que a cada dia movimenta-se uma quantidade maior de informações importantes (pessoais, organizacionais e estatais) e um volume maior de dinheiro circulando eletronicamente.

4.2 Do local do crime:

Para a determinação do local do crime, não é incomum a realidade do mundo virtual trazer uma certa dificuldade para definição de qual seria, exatamente, esse local do crime.

O Código Penal assevera que o local do crime é o *"lugar em que ocorreu a ação ou omissão, no todo ou em parte, bem como onde se produziu ou deveria produzir-se o resultado"*. Adotou, portanto, a *teria da ubiqüidade*. Já o artigo 70, do Código de Processo Penal, diz que a competência territorial será determinada pelo lugar em que se consumar a infração, ou, no caso de tentativa, pelo lugar em que for praticado o último ato de execução. Quando não se pode definir onde ocorreu a ação ou omissão criminosa, o lugar do crime pode ser definido pelo lugar onde se deram os resultados.

No caso de crimes informáticos, tem-se algumas particularidades. Como exemplo, emblemático o entendimento do Conflito de Competência n.º 125.125/SP, que tratou do crime de calúnia cometido por meio de publicação em rede social; entendeu-se que, neste caso, seria competente o juízo do local em que o provedor do *site* onde se hospeda o blog em que se deu a publicação estava localizado.

E quando não se pode definir o local de ação/omissão, e os resultados atingirem uma coletividade? Pois, nesse caso, coube ao STJ, por meio do Conflito de Competência (CC) 107.938, da relatoria do ministro Jorge Mussi e julgado na Terceira Seção, pacificar o entendimento: o crime em questão era o crime de racismo, em um ambiente virtual; quanto ao delito de racismo, entende o STJ que a competência territorial será determinada de acordo com o local de onde são enviadas as mensagens discriminatórias. Impossibilitada de comprovar o local físico de onde se originaram as mensagens, a Seção achou por bem definir que o juízo que primeiro tomou conhecimento da causa deveria continuar responsável pela condução do processo.

No delito previsto no artigo 241 da Lei nº 8.069/90 (*Vender ou expor à venda fotografia, vídeo ou outro registro que contenha cena de sexo explícito ou pornográfica envolvendo criança ou adolescente*), decidiu o STJ que o crime se consuma no momento da publicação das imagens pornográficas, de modo que a competência territorial será fixada de acordo com o local de onde foram publicadas as imagens, não importando o Estado onde se localize o servidor do site (CC 29.886/SP, Min. Maria Thereza De Assis Moura, Terceira Seção, 12/12/2007). Na hipótese de quando o provedor estiver instalado em país estrangeiro (muito corrente nestes casos de redes de pedofilia), esse crime será julgado no Brasil, por se enquadrar na hipótese prevista no art. 7º, II, do Código Penal (crimes que, por tratado ou convenção, o Brasil se obrigou a reprimir).

Por derradeiro, quando da ocorrência do crime de *furto mediante fraude*, praticado pela internet, a jurisprudência do STJ se firmou no sentido de que a competência territorial é determinada pelo local em que o correntista lesado detém a conta fraudada, enquanto que, no delito de *estelionato*, a competência territorial é fixada de acordo com o local da obtenção da vantagem ilícita.

4.3 Da definição da competência:

A competência da Justiça Federal está prevista nos arts. 108 e 109 da CF/88. A competência originária da Justiça Federal é julgar os crimes em que estejam envolvidos bens ou interesses da União (excluídas as contravenções, estas, de competência da Justiça Estadual Comum).

Já a competência da Justiça Federal para processar e julgar os delitos praticados pela internet se dá quando existem *três requisitos essenciais e cumulativos*: i. quando se refere a crimes previstos em tratados ou convenções internacionais; ii. que o Brasil seja signatário de compromisso internacional de combate àquela espécie delitiva; iii. que seja constatada uma relação de internacionalidade entre a conduta criminosa praticada e o resultado produzido; **ou** quando a prática de crime via internet atingir bem, interesse ou serviço da União ou de suas entidades autárquicas ou empresas públicas (art. 109, IV, da CF).

Recentemente, no delito previsto no artigo 241 da Lei nº 8.069/90 (*Vender ou expor à venda fotografia, vídeo ou outro registro que contenha cena de sexo explícito ou pornográfica envolvendo criança ou adolescente*), 241-A e 241-B, decidiu o Plenário do STF, em divergência aberta pelo Ministro Fachin, no julgamento do recurso RE 628624 (cujo tema teve repercussão geral reconhecida), que a competência para processar e julgar esse delito é da Justiça Federal, tendo o Brasil subscrito a Convenção sobre os Direitos da Criança, e pela internacionalidade dos danos produzidos, já que a publicação das imagens em website possibilitaria amplo acesso global.

Por outro lado, a jurisprudência do Superior Tribunal de Justiça estabelece que a mera circunstância de o crime ter sido cometido pela internet não é suficiente para atrair a competência da Justiça Federal.[31]

Assim ilustra importante decisão, a do precedente da 3ª Seção do STJ, em que se decidiu pela Competência da Justiça Estadual no crime de injúria praticado pela internet, por meio do Orkut e Twitter, por se tratar de ofensas de caráter pessoal, portanto, que não ofende a bens, serviços ou interesses da União nem está previsto em tratado ou convenção internacional em que o Brasil se comprometeu a combater, (STJ, 3ª Seção, CC nº 121431/SE, Rel. Min. Marco Aurélio Bellizze. Julg. 11/04/2012. DJe 07/05/2012).

4.4 Da falta de proteção legal a determinados bens jurídicos

Há, ainda,alguns problemas a serem enfrentado no que tange à *tipificação*. Embora seja indiscutível o avanço trazido pela Lei nº 12.737/2012 e as demais citadas,ainda subsistem determinadas omissões do legislador que deixam a descoberto importantes bens jurídicos ameaçados pela criminalidade virtual crescente em nosso país.

Um importante norte a ser observado está no preâmbulo da Convenção de Budapeste, que delimita como bens jurídicos a *confidencialidade*, a *integridade* e a *disponibilidade* de sistemas de computador, redes e dados de computador.

Tudo o que estiver relacionado a esses núcleos de tipo deveria estar acobertado pelo manto da norma penal pátrio. E ainda mais. Como exemplo, o caso hipotético: se no decorrer de uma investigação, fossem encontrados em determinados computadores, programas maliciosos de captação de senhas de terceiros, via *phishing*; nesse caso, se não estivessem sendo utilizados, ou se tivessem sido distribuídos, ainda sem retorno das senhas, pouco se poderia fazer para ajuizar ação penal. Ou ainda, a criação de programas maliciosos que visassem instabilizar ou danificar sistemas de informática, em nova modalidade de ataque terrorista.

Solução engenhosa, a defendida por Augusto Rossini, citada por BRITO, a de propor a *segurançainformática* como bem jurídico próprio,

> "a *tutela jurídica específica de um novo bem, a* **segurança informática**, *que se refere à integridade, disponibilidade, confidencialidade das informações no ciberespaço, nos denominados delitos informáticos puros ou próprios, que são os praticados exclusivamente no âmbito informático".*[32] (grifo nosso)

Ainda, como lembra BRITO[33], uma das novidades trazidas pela Convenção de Budapeste foi a possibilidade da responsabilização penal dos provedores de acesso (art. 12); no Brasil, encontra-se limitação constitucional para tanto, por conta dos arts. 173, § 5º, e 225, §3º da CF/88, que preveem somente hipóteses taxativas de responsabilização de pessoa jurídica. Essa situação poderia vir a ser mudada somente por meio de Emenda Constitucional, ou pela recepção da Convenção de Budapeste, nos termos do art. 5º, § 3º, CF/88. Mas, terá que ser enfrentada em breve, sob o risco de cedermos espaço a criminosos de nacionalidade brasileira ou mesmo de além-fronteiras.

5.Investigação de crimes informáticos

5.1 Da dificuldade em se definir a autoria do crime

A definição da autoria de crimes na internet nem sempre é uma tarefa fácil. E, para o Direito Penal e o Direito Processual Penal, a definição de autoria é imprescindível, sendo seus indícios, um dos requisitos da denúncia e da queixa-crime.

Para identificar o responsável por uma página da internet que hospeda conteúdo criminoso, existem duas formas:

a.   Pelo DOMÍNIO

Existem quatro formas[34] de responsabilidade quanto ao **domínio** de um site que abriga conteúdo criminoso: 1. ID ENTIDADE: geralmente, um dos donos da empresa mantenedora do domínio; 2. ID ADMIN: normalmente, o responsável pela administração do site, muitas vezes, coincidindo a identidade com a do ID ENTIDADE; 3. ID TÉCNICO: responsável pela manutenção das informações do site (atualizações); muitas vezes, uma empresa especializada neste trabalho; 4. ID COBRANÇA: é quem recebe os boletos, e faz os pagamentos do Registro.br.

Uma primeira forma para se chegar aos responsáveis pelo crime seria por meiodo endereço eletrônico: *www.registro.br* . Neste site, no campo *"Faça a sua consulta"*, digita-se o nome do domínio que se queira identificar, clica-se em *"Mais informações"*, então *"Whois"*, e, por fim, chega-se à informação acerca do responsável pelo domínio.

Caso se trate de um domínio internacional, estes são administrados pelo site https://www.icann.org/.

Ainda, para domínios outros, utiliza-se:

Para domínios .br – https://registro.br/cgi-bin/whois/#lresp

Para domínios .com. e .net :– http://registrar.verisign-grs.com/whois/index.html

Para domínios .org – http://pir.org/index.php

Para domínios .info – http://www.info.info/

Para domínios .name – https://whois.nic.name/

Para domínios .INFO .MOBI .BIZ .TV - http://www.enom.com/whois/whois.aspx

Logicamente, se utilizado para fins escusos e/ou criminosos, não será assim tão fácil descobrir os responsáveis, pois estes não costumam deixar traços, inclusive pelo fato de existirem extensões que se utilizam de serviço de privacidade (proteção de informações de registro), com isso bloqueando acesso às informações, o que passa a dificultar, sobremaneira, o processo de investigação.

b. Pelo endereço IP:

Uma segunda forma seria por meio de endereços IP dos equipamentos que hospedam o site.

O IP (*InternetProtocol*) é uma identificação numérica que é atribuída aos dispositivos em uma rede de computadores. Endereços IP são usados pela camada de rede para determinar a localização física e virtual do equipamento. Cada endereço IP deve identificar um único equipamento. Localizações geográficas próximas, geralmente, determinam endereço IP´s semelhantes. Com as ferramentas certas, pode-se identificar a origem geográfica de um computador, por meio de um determinado endereço IP.

Existem, inclusive, alguns sites gratuitos que localizam geograficamente o computador utilizado, informando-se o endereço IP. Alguns deles são:

http://www.geobytes.com/ipLocator

http://www.ipligence.com/geolocation

http://ipgeoinfo.com/

http://www.localizaip.com.br/

Esses, dentre outros meios, gratuitos e pagos. A informação sobre a localização exata do endereço IP encontra-se no provedor de acesso. Quando o provedor autentica um usuário e dá a ele um endereço IP, a localização posterior é possível de ser determinada.

No entanto, os dados obtidos nem sempre são confiáveis. Isso, devido à existência de **IP´s dinâmicos** (que se alteram a cada conexão). Esses endereços IP´s temporários são reutilizados entre os computadores de um mesmo provedor de acesso, portanto a localização geográfica obtida provavelmente será do último proprietário do mesmo endereço IP, mascarando o endereço real da localização geográfica do site criminoso. Caso consultemos um IP dinâmico qualquer, provavelmente os resultados obtidos serão os dados da companhia de telecomunicações da região, como Brasil Telecom, por exemplo.

Porém, por questões de padronização e organização, os provedores separam ranges de IP´s para determinados Estados e cidades, exemplo: do IP 185.123.321.0 ao IP 185.123.322.100 será apenas da cidade de Belo Horizonte. Sendo assim, por mais que o seu IP seja dinâmico, ele sempre vai estar nesse range de IP dedicado a determinada cidade ou Estado, por isso é possível obter essa informação a partir de um determinado número de IP, mesmo dinâmico.

Outro obstáculo encontrado, é quando determinada coletividade (escola, condomínio, comunidade, ...) se utiliza dos chamados **IP´scoletivos**, fato que pode dificultar, sobremaneira, a investigação dos órgãos competentes. Exemplo, quando a investigação indica um determinado IP, que, após localizado geograficamente, em subsequente diligência local, descobre-se o mesmo ser utilizado por mais de um computador. A dificuldade que então se apresenta é identificar exatamente qual seria o computador de onde partiu a ação criminosa. Acredita-se não haver empecilho técnico para a determinação individual do acesso, para que se possa sempre individualizar corretamente o IP do usuário.Porém, mais uma vez, torna-se necessária a colaboração dos provedores de acesso à Internet.

5.2 Da instrução probatória

A palavra "prova" deriva do latim *"probatio"*, que significa exame, confirmação, confronto. A prova, na verdade, trata-se de uma tentativa de reconstrução da verdade dos fatos delituosos; uma forma de se racionalizar a busca da verdade dos fatos que podem se confirmar (ou não) como crimes, e apontar sua autoria.

Historicamente, sabemos que na Idade Média lançava-se mão de métodos primitivos e escabrosos para o levantamento da verdade dos fatos – tais como as ordálias e juízos de Deus -, há farta literatura sobre o assunto. Já a busca da verdade processual nos dias de hoje, embora mais rigorosa e científica, e embora respeite princípios como o contraditório e ampla defesa, nem sempre revela a verdade real dos fatos. Porém, não é por isso que à atividade estatal jurisdicional será permitida a renúncia incansável desta busca. Métodos científicos cada vez mais rigorosos trazem cada vez mais segurança às decisões tomadas ao longo do processo judicial. Nesse sentido, o *Princípio da Verdade Real* dos fatos determina que o fato investigado no processo deve corresponder ao que está na vida real, sem qualquer subterfúrgio como presunção ou ficção jurídica. É um princípio dos mais relevantes no Processo Penal.

Para um estudo mais aprofundado sobre *Teoria das Provas*, remetemos o leitor, dentre outras boas doutrinas, ao livro de Eugênio PACELLI, referenciado ao fim desta obra[35].

No Código de Processo Penal, no art. 395, temos que a denúncia ou queixa será rejeitada, quando, dentre outros, faltar *justa causa* para o exercício da ação penal; a justa causa exige um lastro probatório mínimo a embasar a acusação; essa exigência, entenda-se, ainda não seria a de uma prova cabal (exigida, apenas, na condenação), mas que tenha o mínimo de provas a permitir o prosseguimento da ação.

Já o art. 413, de mesmo Código Processual Penal - dentro do que se apresenta como o procedimento relativo ao processo de competência do Tribunal de Júri -, diz que "*O juiz, fundamentadamente, pronunciará o acusado, se convencido da materialidade do fato e da existência de indícios suficientes de autoria ou de participação*".Portanto, verificamos que a cada passo tomado ao longo do procedimento penal, a cada avanço em direção a uma sentença condenatória, mais se faz necessária a segurança do lastro probatório a consubstanciar esse avanço.

Ainda, a CF/88 diz, em seu art. 5º, inciso LVI: "*são inadmissíveis, no processo, as provas obtidas por meios ilícitos*". De acordo com o art. 157 do Código de Processo Penal, provas ilícitas são as obtidas em violação a normas constitucionais ou legais (lembrando serem aqui incluídas as normas do direito internacional, derivadas de tratados que o Brasil tenha assinado, relativos a direitos humanos). As provas ilícitas violam regras do direito material, e estão atreladas ao momento de sua obtenção (e, portanto, produzidas na fase pré processual); não podem ser juntadas aos autos, e se o forem, devem ser desentranhadas.

Falando de prova ilícita (AVOLIO, p. 51):

> " ... é de se entender a prova colhida com infração a normas ou princípios de direito material – sobretudo de direito constitucional, porque, como vimos, a problemática da prova ilícita se prende sempre à questão das liberdades públicas, onde estão assegurados os direitos e garantias atinentes à intimidade, à liberdade, à dignidade humana; mas, também, de direito penal, civil, administrativo, onde já se encontram definidos na ordem infraconstitucional outros direitos ou cominações legais que podem se contrapor às exigências de segurança social, investigação criminal e acertamento da verdade, tais os de propriedade, inviolabilidade do domicílio, sigilo das correspondências, e outros." [36]

Na investigação criminal são muitos os entraves que dificultam a produção probatória. A falta de recursos financeiros destinados às Polícias Científicas dos Estados e da Polícia Federal traz muitas dificuldades na contratação e formação de pessoal especializado, e na aquisição e manutenção de equipamentos mais modernos, tais como cromatógrafos líquidos e gasosos, espectrômetros de massa, ou até mesmo material básico como luminol, e kits de detecção de impressões digitais. A realidade que se mostra nos seriados de TV é muito diferente da realidade da Polícia Científica no Brasil, não pela formação dos peritos, mas sim pela estrutura técnica a eles destinada pelos Governos Estaduais e União.

No caso de investigação de crimes informáticos, existem particularidades que a tornam singular em relação à investigação dos demais tipos de crimes: em primeiro lugar, o anonimato que a rede possibilita; em segundo lugar, a fugacidade das provas, efêmeras que são, pois podem desaparecer ou serem apagadas da rede, muito rapidamente.

Em recente artigo publicado pelo site Consultor Jurídico (2017)[37], discutiu-se a questão da inviolabilidade de dispositivos de trocas instantâneas de mensagem via celular, como o WhatsApp, caso não haja autorização judicial para esse acesso, ou situação de flagrante delito em que outros bens jurídicos mais importantes estivessem sob risco (de acordo com o artigo 5º, XII, CF/88); inclusive, é citada pelo referido artigo, recente decisão proferida pelo Juiz Federal Ali Mazloum nesse sentido. *"Mazloum ponderou que o policial poderia acessar, durante um flagrante, os últimos registros telefônicos de celulares ou acompanhar no viva voz conversas da pessoa detida com comparsa, mas desde que o objetivo seja localizar outros criminosos que participaram do ato ou vítimas. Não mais que isso. "Fora dessa situação emergencial, própria do estado de flagrância, o acesso a dados do celular exige prévia autorização judicial, sob pena de nulidade da prova [...] Diante da devassa realizada pela polícia em dados de arquivos dos celulares apreendidos em poder dos acusados, a prova assim obtida é nula, devendo ser oportunamente, desentranhada dos autos, porquanto são inadmissíveis as provas obtidas por meio ilícito", finalizou Mazloum."*

A dificuldade maior, porém, para os órgãos de investigação - Polícia Civil, Polícia Federal, e Ministério Público -, hoje, reside no fato de que, por vezes, as empresas causam embaraço às investigações, demandando autorização judicial para a identificação do IP de onde pode ter partido a ação delituosa. É o caso, por exemplo, do Google e do Facebook. Isso, em que pese o entendimento do STJ na decisão do HC 83.338-DF, no sentido de que a *"obtenção de dados do usuário de determinado Internet Protocol (IP) consistente tão só na identificação da propriedade e do endereço em que instalado o computador do qual partiu o escrito criminoso **não está resguardada pelo sigilo** de que cuida o art. 5º, XII, da CF/1988, nem pelo direito à intimidade, que não é absoluto, prescrito no inciso X daquele mesmo artigo"*. (grifo nosso).

Falta, portanto, uma norma que regulamente a obrigatoriedade específica de colaboração das empresas e provedores de acesso à

Internet nesse sentido, como forma de agilizar o combate ao crime informático, independentemente de ordem judicial.

Ainda pior: por vezes, **mesmo** com a devida ordem judicial, algumas empresas hesitam em fornecer os dados necessários à investigação.

Em um procedimento criminal que corria em segredo de justiça (investigação de um homem acusado de latrocínio, tráfico de drogas e associação ao Primeiro Comando da Capital (PCC)), a Facebook Brasil, empresa que representa a rede social proprietáriado aplicativo WhatsApp no Brasil, descumpriu uma determinação judicial de interceptação de comunicação telemática por meio do WhatsApp (autos do procedimento de Interceptação Telefônica nº 0017520-08.2015.8.26.0564); referida empresa foi, ainda, mais uma vez notificada, sendo fixada a instituição de multa em caso de não cumprimento. Como, mesmo assim, a empresa não atendeu à determinação judicial, o Ministério Público requereu o bloqueio dos serviços prestados pela WhatsApp em território nacional, pelo prazo de 48 horas, tendo por base a regra do artigo 13 da Lei nº 12.965/2014 (conhecida como Marco Civil da Internet)", o que acabou por ser deferido pelo juízo da 1ª Vara Criminal de São Bernardo do Campo, que determinou às operadoras de telefonia o bloqueio do aplicativo WhatsApp pelo período de 48 horas a partir da zero hora seguinte ao recebimento do ofício da Justiça.

Em sede de mandado de segurança (nº 2271462-77.2015.8.26.0000), tendo como impetrante a WHATSAPP INC. e como impetrado o juízo da 1ª Vara Criminal de São Bernardo do Campo, decidiu a 11ª Câmara de Direito Criminal do TJ/SP - tendo como relator o Desembargador Dr. Xavier de Souza -, pela concessão parcial da liminar, com vistas acassar a decisão, no tocante à suspensão temporária das atividades do WhatsApp, até o julgamento do mérito da questão.

Referenciou sua decisão, o Exmo. Desembargador, no **Princípio da Proporcionalidade**, afirmando que "*não se mostra razoável que* milhões de usuários sejam afetados em decorrência da inércia da impetrante, mormente quando não esgotados outros meios disponíveis para a obtenção do resultado desejado". Como "outros meios disponíveis", indica o relator "a elevação do valor da multa a patamar suficiente para inibir eventual resistência da impetrante".

Ora, nesse caso emblemático, restou evidente que, principalmente pelo porte e potencial econômico dessas empresas, algumas colocadas entre as maiores empresas do mundo,a multa pecuniária em caso de descumprimento – caso não seja de considerável monta -, pode ser ineficaz para se atingir o fim perseguido.

Espera-se, pois, que as decisões em juízos de primeira instância, estabeleçam, de imediato, patamar significativo de multa diária, em casos de descumprimento de ordens judiciais, evitando-se assim que prejuízos se estendam aos usuários de tais aplicativos.

No entanto, cabe ressaltar que a propriedade, embora seja direito garantido pelo art. 5º, XXII, tem esse mesmo direito condicionado ao atendimento a sua **função social**, destacado pelo inciso XXIII, de mesmo dispositivo. Senão, veja-se, segundo Dirley da Cunha Jr: *"... não é absurdo afirmar-se que a Constituição só garante o direito de propriedade se esta atender a sua função social. Se assim o é, o Estado Social, para proporcionar o bem-estar social, pode intervir na propriedade privada, se esta, evidentemente, estiver sendo utilizada contra o bem comum da coletividade".*[38]

Quis, portanto, o legislador Constituinte, afastar o histórico individualismo exacerbado do proprietário, cedendo espaço à discussão acerca dos reflexos sociais emanados do exercício do direito dessa propriedade.

Ora, pergunta-se, pois, se a empresa que não colabora com investigações criminais estaria, de fato, cumprindo com sua função social perante a sociedade? **Defende-se, aqui, que não**, pois, para que o Estado possa exercer seu direito/dever de punir um determinado crime, há que se identificar sua autoria. Autoria essa, que não pode ficar encoberta pela má vontade da pessoa jurídica – que se serve, justamente, da concessão do Estado para atuar - em colaborar com investigações que visem elucidar um crime praticado, e mesmo, muitas vezes, fazer cessar um crime ainda em andamento.

Porém, necessita-se, ainda mais uma vez, de regulamentação normativa nesse sentido, para que se busque a efetivação da justiça social que se pretende.

5.3 Das atividades de investigação no combate aos crimes informáticos

A crescente complexidade de crimes praticados por organizações criminosas – cada vez mais organizadas, diga-se de passagem -, trouxe a necessidade da criação normativa e estruturação de dispositivos necessários para possibilitar a condução de investigações também, necessariamente, mais complexas.

Com esse objetivo, o legislador vem inovando – ainda timidamente -, na criação desses mecanismos. Exemplo é a Lei nº 12.850/13, que, já de inícioveio, enfim, a definir o conceito de **organização criminosa**, em seu art. 1º, § 1º:

> "*Considera-se organização criminosa a associação de 4 (quatro) ou mais pessoas estruturalmente ordenada e caracterizada pela divisão de tarefas, ainda que informalmente, com objetivo de obter, direta ou indiretamente, vantagem de qualquer natureza, mediante a prática de infrações penais cujas penas máximas sejam superiores a 4 (quatro) anos, ou que sejam de caráter transnacional*".

Da mesma forma, a referida lei trouxe a sistematização de modernos institutos visando a obtenção de provas da materialidade do crime e definição de autoria, como a *colaboração premiada*, a *ação controlada*, e a *infiltração de agentes policiais*; também estabeleceu deveres de prestação de informações por parte de determinadas pessoas jurídicas envolvidas no fluxo ou guarda de informações, assim como estabelecimento de tipos penais a criminalizar excessos ou desvios eventualmente praticadas pelos agentes, durante as atividades de investigação.

O primeiro instituto, a **colaboração premiada** (arts. 4º ao 7º), na verdade, já havia sido previsto, de forma ainda não sistematizada, em dispositivos constantes em algumas leis especiais, tais como o art. 8º da Lei nº 8072/90; o art. 1º, §5º da Lei nº 9613/98; o art. 41 da Lei nº 11343/06; arts. 13 e 14 da Lei nº 9807/99. Porém, a sistematização e mesmo o incremento do alcance deste instituto só veio mesmo com a edição da Lei nº 12.850/13, que veio a trazer, em detalhes, toda essa sistemática.

A colaboração premiada foi um grande avanço na investigação de organizações criminosas, pois a complexidade a que chegam tais organizações, por vezes, torna difícil a definição de autoria de determinados integrantes da organização, por conta do distanciamento desses em relação ao núcleo inicialmente investigado. Trata-se de um instituto já bastante utilizado em outros países, e com muito sucesso. O instituto da colaboração premiada tornou-se muito importante – e, na mesma medida, popular -, com as ações promovidas por conta da Operação Lava-Jato. Esse histórico, bem como conseqüências, não será debatido aqui, nesta obra, por não ser o objeto de discussão da mesma. Para nós, basta ressaltar que a letra da lei em tela permite, inclusive, o perdão judicial, a depender da relevância da colaboração prestada, o que, antes, por ocasião da leis anteriores que previam o tema, não era permitido. Outro ponto em discussão, é a possibilidade de a colaboração premiada ser representada pelo Delegado de Polícia nos autos, ao longo do inquérito policial (assim como requerida pelo Ministério Público a qualquer tempo); vemos isso com determinada ressalva, eis que ao longo do Inquérito Policial não há obrigatoriedade de se oferecer o contraditório, podendo todo o trabalho de levantamento de provas por conta da colaboração premiada ser questionado pela defesa, quando em curso a ação penal. No entanto, as Cortes Superiores vêm ratificando a validade constitucional de tais acordos, até porque, o Ministério Público deverá ser ouvido quando da representação da autoridade policial.

A **ação controlada** (art. 8º e 9º) é outra importante ferramenta de investigação e levantamento de provas que permite aos órgãos de investigação criminal ferir de morte as organizações criminosas. No art. 8º, temos apresentado seu conceito: "*Consiste a ação controlada em retardar a intervenção policial ou administrativa relativa à ação praticada por organização criminosa ou a ela vinculada, desde que mantida sob observação e acompanhamento para que a medida legal se concretize no momento mais eficaz à formação de provas e obtenção de informações*". O conceito é autoexplicativo e se apresenta como uma exceção ao art. 301 do Código de Processo Penal que determina à autoridade pública a prisão em flagrante quando presenciar um delito sendo cometido. Importante lembrar que, para que haja distinção desse instituto em relação ao *flagrante preparado*, necessário não haver a figura do *agente provocador*, sendo necessária a iniciativa *espontânea* e *voluntária* do agente que pratica o delito.

A **infiltração de agentes de polícia** já havia sido prevista, em uma primeira mão, pela Lei nº 9.034/95, sendo posteriormente evidenciada na Lei nº 10.217/01, e tendo, por fim, sido sistematizada na Lei nº 12.850/13, em seus arts. 10º ao 14º. Porém, é da doutrina que trazemos o conceito de **agente infiltrado** (BENTO, 2009): "*Agente infiltrado é aquele sujeito pertencente aos quadros das forças policias do Estado que, mediante autorização judicial, atua dentro dos limites da organização criminosa a fim de obter informações, elementos e provas que conduzam a instrumentalização dos órgãos de acusação*".

O dispositivo legal aqui citado evidenciou a necessidade de representação pelo Delegado de Polícia (ouvindo-se o Ministério Público), ou Requerimento do Membro do Ministério Público – após manifestação técnica do Delegado de Polícia - quando requerida no curso de inquérito policial -, sendo, em qualquer caso, precedida de "circunstanciada, motivada e sigilosa autorização judicial, que estabelecerá seus limites" (art. 10). O juízo competente decidirá "no prazo de 24 (vinte e quatro) horas, após manifestação do Ministério Público na hipótese de representação do delegado de polícia, devendo-se adotar as medidas necessárias para o êxito das investigações e a segurança do agente infiltrado" (art. 12, § 1º).

A condição para queseja autorizada tal infiltração é a de que haja indícios de infração penal praticada por organização criminosa, tal qual especificada no art. 1, § 1º, e que não se possa produzir provas por qualquer outro meio disponível. A autorização para a ação terá um limite de até 6 (seis) meses, renovável sob comprovação de efetiva necessidade. Importante ressaltar que o agente infiltrado responderá pelos excessos praticados, porém, lhe é facultado fazer cessar a operação a qualquer momento, visando a sua segurança e preservação de sua integridade física. Por fim, a Lei nº 12.850/13 exclui a punição do agente infiltrado que porventura cometer crime, por inexigibilidade de conduta diversa, também visando preservar a sua integridade física (art. 13, § único).

Posteriormente, a **Lei 13.441/17** veio a alterar o Estatuto da Criança e do Adolescente, ao inserir o art. 190-A, B, C, D, E, justamente dispondo a respeito da infiltração de agentes policiais para fins de investigação de crimes contra a dignidade sexual de crianças e adolescentes previstos no ECA (arts. 240, 241, 241-A, 241-B, 241-C, 241-D) e no Código Penal (arts. 154-A, 217-A, 218, 218-A, 218-B), cometidos por meio da internet. Ressalte-se que, somente agentes policiais poderão ser infiltrados, excluindo-se qualquer outro servidor ou agente público (agentes da ABIN, por exemplo).O prazo, aqui, será de 90 (noventa) dias, "sem prejuízo de eventuais renovações, desde que o total não exceda a 720 (setecentos e vinte) dias e seja demonstrada sua efetiva necessidade, a critério da autoridade judicial".

O novel dispositivo traz, ainda, importantes definições técnicas:

> "I – **dados de conexão**: informações referentes a hora, data, início, término, duração, endereço de Protocolo de Internet (IP) utilizado e terminal de origem da conexão;
>
> II – **dados cadastrais**: informações referentes a nome e endereço de assinante ou de usuário registrado ou autenticado para a conexão a quem endereço de IP, identificação de usuário ou código de acesso tenha sido atribuído no momento da conexão."(grifo nosso)

Cometeu grave equívoco, lembra Rogério Sanches CUNHA[39], o legislador, ao redigir o art. 190-C, pois escolheu os termos: "*Não comete crime o policial que oculta a sua identidade para, por meio da internet, colher indícios de autoria e materialidade dos crimes previstos nos arts......*". Ora, simplesmente ocultar a identidade não é crime, por si só, mas o seria a "*invasão de dispositivo alheio*", este sim, fato típico que, certamente, o agente infiltrado pode cometer. O mesmo se diz dos fatos típicos "*receber, armazenar e transmitir imagens pornográficas envolvendo crianças e adolescentes*" e "*aliciamento e assédio*". Os grupos abjetos de pedofilia, infelizmente, se encontram organizados e agem com muita cautela ao receber novos integrantes. Dificilmente um novo integrante desses grupos seria aceito sem que demonstrasse possuir material para troca. E aqui, o policial infiltrado teria que ter um respaldo legal mais bem delimitado, para fins de tranqüilidade na ação de infiltração. Um resguardo que se pode ter é o cuidado no registro de todas as peças utilizadas para fins da infiltração, para que não seja punido posteriormente,o agente, por nenhum alegado excesso.

Segue CUNHA, em mesma referência citada:

> "*A investigação deflagrada por meio de infiltração pressupõe proporcionalidade, palavra-chave para orientar a atividade do agente infiltrado e para estabelecer quais as limitações de sua atuação e até que ponto pode prosseguir, quando, então, se o fizer,*

terá cometido excesso a ser punido, disciplinar e criminalmente".

Assegura, ainda, o dispositivo, o sigilo de toda a operação, resguardando-se em apartado dos autos, qualquer forma de identificação do agente infiltrado.

6. Novos crimes na sociedade da informação

6.1 Da Deep Web e da Darknet

A Google teve sua origem quando Larry Page e Sergey Brin iniciaram um projeto de pesquisa, em 1996, quando cursavam doutorado na Universidade de Stanford, e criaram uma ferramenta de busca, a qual vieram a chamar de "*BackRub*". Posteriormente, mudaram o nome da ferramenta para Google, vindo, em 1998, a fundar, com esse nome, a hoje gigantesca empresa, mundialmente conhecida, e dominante entre os mecanismos de buscas na Internet, dentre dezenas de outros projetos pioneiros em alta tecnologia.

O mecanismo de buscas do Google é, hoje, o mais utilizado na Internet, indexando mais de 15 bilhões de sites em todo o mundo. A Google tem por missão: "*organizar as informações do mundo e torná-las mundialmente acessíveis e úteis*" (https://missaovisaovalores.wordpress.com/tag/google/).

Porém, engana-se quem pensa que tudo o que está na Internet pode ser acessado via Google. Na verdade, o Google (e demais mecanismos de busca padrão) somente conseguem acessar uma pequena parte de tudo o que circula na Internet. A essa parte, digamos assim, *visível* aos mecanismos de busca padrão, denomina-se **Surface Web**.Estima-se que uma outra parte, cerca de 500 (quinhentas) vezes maior, estaria na Deep Web.

E o que seria a **Deep Web**[40] ? A Deep Web seria – a princípio - toda a parte da Internet que não é indexada por mecanismos de busca padrão, pois, por qualquer motivo, foram configurados para não serem indexados. Porém, existe ainda uma parte da Deep Web que mantém todos os dados que lá circulam, criptografados, fazendo com que a navegação seja anônima. Essa parte é chamada de **Darknet**.

A Deep Web[41] é uma área pouco conhecida do usuário normal da Internet. O acesso à Deep Web exige determinados recursos, e também cuidados (por isso, não recomendamos tentar esse acesso com seu computador pessoal ou da empresa). Não que o acesso seja ilegal. Entenda-se: **não é ilegal acessar a Deep Web, nem mesmo a Darknet**; inclusive, muitos jornalistas utilizam dessa última, para conversar com fontes anônimas, assim como outras pessoas que precisam, por algum motivo, de anonimato ou privacidade total, como manifestantes políticos de países em que há um regime totalitário de Governo, empresas que lidam com segredos industriais, e outros. Porém, pela Deep Web proliferam-se vírus, malwares, códigos maliciosos, e uma infinidade de material ilegal quase sem nenhum controle, inclusive - mas não em sua totalidade -, atividades criminosas das mais pesadas.

A Deep Web também tem os seus sites de buscas: o mais popular chama-se GRAMS (que só pode ser acessado por meio do navegador TOR, sigla para *The Onion Router,* pois na Deep Web, acessa-se sites com o domínio ".onion"), tendo um design parecido com o do Google; a diferença é que, por meio do GRAMS, pode-se buscar na Deep Web, em anonimato, qualquer coisa, inclusive informações de mercados negros, drogas, contrabando, assassinatos, pedofilia, e demais crimes obscuros e abjetos. O acesso ao GRAMS (criado por uma figura misteriosa, chamado *Gransadmin*) é anônimo, pois o TOR simplesmente oculta seu IP, ao repartir a navegação em várias camadas diferentes, colocando vários intermediários no trajeto. Ninguém irá – regra geral, com poucas exceções -, conseguir rastrear o que alguém acessa via Tor. Não há rastros aparentes.

Um detalhe interessante, é que a moeda corrente na Deep Web é o chamado **Bitcoin**[42], uma moeda virtual – criada em 2008, supostamente por um desenvolvedor chamado SatoshiNakamoto – que permite a transferência virtual de um dispositivo informático para outro, sem a necessidade de intermédio por uma instituição financeira. O Bitcoin é um tipo de *criptomoeda*, pois – adivinhe-se -, não pode ser rastreada. São transações do tipo *peer-to-peer*, um tipo de rede cujos nós são os próprios usuários, e que não permitem identificar o emissário e o receptor da moeda. O Bitcoin, apesar de não ser ilegal, é muito utilizado no comércio ilegal na Deep Web, justamente por não permitir que se rastreiem as transações criminosas. O Bitcoin, *repise-se*, não é ilegal, existe, inclusive, empresas sérias dedicadas ao comércio desta moeda, que, recentemente, chegou a ter seu valor ultrapassando o preço do ouro.

Da mesma forma, voltamos, uma vez mais, a afirmar: o acesso à Deep Web não é ilegal. Porém, essa característica do acesso anônimo aos sites lá encontrados leva à prática de atos ilegais, que, se fossem expostos à luz do Google, muito provavelmente, não seriam praticados. Seria mais ou menos como se você fosse invisível (e aí cabe um exercício de consciência pessoal, ao nos perguntarmos: "*O que faríamos se fôssemos invisíveis?*"). Fica na consciência de cada um; e no dever das autoridades, de não dar as costas a este mundo virtual.

6.2 Baleia Azul

Irkutsk. Região da Sibéria, Rússia. Fevereiro de 2017. Duas adolescentes se jogam de cima de um prédio, perdendo a vida. Yulia Konstantinova, de 15 anos de idade, e Veronika Volkova, de 16, se suicidaram, após cumprir uma lista de tarefas a elas destinadas, dando ao mundo conhecimento de um jogo macabro, que induzia adolescentes ao suicídio, conhecido previamente como *Wake me up at 4:20*. (4:20, pois, de acordo com alguns estudos, é, em média, neste horário, que as pessoas costumam atentar contra a própria vida).

Segundo declarações da SaferNet Brasil, o jogo **Blue Whale** (*Baleia Azul*, em tradução livre), baseado nesse primeiro modelo, começou por meio da disseminação de uma falsa notícia, em 15 de março de 2016, que noticiava a morte de 130 jovens, por suicídio, após concluírem referido jogo. Embora falsa a notícia, passou a se tratar de verdade, com a disseminação real do jogo, em grupos fechados das redes sociais, alcançando o mesmo resultado: automutilação e mortes por suicídio, de adolescentes, por todo o mundo. No Brasil, o macabro jogo ganhou destaque com o desaparecimento, em Goiânia, da adolescente A.B.P., a qual, influenciada pelo jogo, desapareceu, tendo sido encontrada dias após. Mesma sorte não tiveram outros adolescentes, de Minas Gerais, Mato Grosso e outros Estados, encontrados automutilados com cortes formando desenhos de Baleias pelo corpo, ou mesmo mortos, por suicídio. Muitos casos só não se consumaram, pela pronta ação dos pais ou amigos, ou mesmo por meros caprichos do destino.

Mas, como funciona esse "jogo" de desafios ? Os adolescentes – notadamente, adolescentes - são aliciados em grupos fechados de redes sociais, por curadores que passam a administrar os grupos formados, por meio de determinação de tarefas (ou missões) a serem cumpridas e demonstradas ao tutor, em um crescente nível de periculosidade, negação de autoestima e automutilação, culminando, na última missão (evidentemente), com o suicídio.

Neste caso, já haveria uma predisposição desses adolescentes, a um estado de depressão ou a caminho da depressão, pois eles entram nos grupos por vontade própria. O problema é que o estado fragilizado de autoestima, próprio desta faixa de idade, já traz em si esta pré-disposição à fragilidade emocional, facilmente manipulada por mentes doentias, porém, frias e determinadas, próprias de uma personalidade psicopática, que, por meio de induzimento, instigação e auxílio, perpetrando ameaças e mesmo coerções, obriga o jogador a ir até o trágico final. É a figura do curador, um autêntico psicopata. O indivíduo psicopata é tido por PENTEADO[43] como de um *"padrão intelectual médio ou até elevado [...]. Os chamados autênticos psicopatas são totalmente desprovidos de qualquer sentimento ético e social, em consequência disto, não possuem o menor arrependimento e remorso quanto ao que fazem"*.

Segundo nos ensina SANCHES[44], temos que a atividade do curador (ou curadores) do grupo está tipificada pelo art 122 do Código

Penal, *"induzimento, instigação ou auxílio a suicídio"*, fazendo-se as seguintes observações: i. a consumação do fato típico se dá tanto pelo resultado morte, quanto pelo resultado lesão corporal de natureza grave, sendo os mesmos diferenciados apenas pelo montante da pena a ser aplicada (*reclusão, de dois a seis anos, se o suicídio se consuma; ou reclusão, de um a três anos, se da tentativa de suicídio resulta lesão corporal de natureza grave*); ii. A vítima sendo capaz, o autor (ou autores) responde(m) pelo art. 122, caput; iii. A vítima sendo menor de dezoito anos, ou tendo sua capacidade de resistência diminuída (por ameaça grave ou forte coação), há aumento previsto de pena, sendo essa, duplicada (art. 122, II); iv. Entende SANCHES (junto a quem, acompanhamos a posição), que, uma vez a vítima **incapaz** (sem capacidade para consentir, incapacidade essa aferida pela análise do caso concreto), responde o autor, *não pelo art. 122, mas sim pelo art. 121 (homicídio)*; iv. Se a vítima for menor de 14 anos de idade, há doutrina tomando a incapacidade como **presumida**, e o crime seria de homicídio; v. ainda, a competência para julgar o crime, seria, em regra, da Justiça Comum, não havendo, a princípio, o que atraísse a competência para a competência federal (art 109, CF).

6.3 Ransomware

No dia 12 de maio de 2017, o mundo se prostrou diante de um ciberataque de proporções mundiais, afetando – segundo Tom Bossert, conselheiro de segurança interna de Donald Trump - cerca de 300 mil usuários em 150 países diferentes, a uma velocidade estimada de 3.600 computadores por hora (ou um computador por segundo), segundo Maya Horowitz, pesquisadora da empresa de segurança digital Check Point[45].

O pânico se espalhou rapidamente, e não sem razão: o malware propagado (uma variação do vírus WCry/WannaCry) se disseminou por computadores ligados em rede, atacando tanto empresas como Telefonica e Santander, quanto hospitais no Reino Unido, onde ocorreu, praticamente um colapso no Serviço Nacional de Saúde. No Brasil foram afetados os sites do Ministério Público e Tribunal de Justiça de São Paulo, o site da Previdência Social no Rio de Janeiro, sistemas de informação da Petrobrás, dentre outros[46]. Ucrânia, Russia, Portugal e Taiwan, também não escaparam ao ataque.[47]

O malware utilizou-se de uma falha de segurança no sistema operacional Windows ; esta falha já havia sido corrigida pela Microsoft em sua última atualização, em março deste ano, após detectada pela NSA, a Agência de Segurança Nacional dos EUA; ocorre que – como sempre -, muitas empresas e usuários não atualizaram de imediato suas versões do software, e a informação desta falha "vazou" na internet em meados de abril deste ano.

O malware infectava os arquivos do sistema invadido, criptografando-os em seguida, de forma sucessiva, alterando suas extensões originaispara uma extensão chamada .WNCRY. Concomitantemente, nas telas dos computadores aparecia uma mensagem indicando que somente os autores do ciberataque é que poderiam, doravante, decodificá-los, o que somente se daria mediante o pagamento de um resgate de valores que variava entre US$ 300 e US$ 600, pagos em Bitcoins (o que, como vimos no item 5.1, dificulta sobremaneira o posterior rastreamento da transação monetária).

Os estragos e prejuízos financeiros ao redor do mundo só não foram maiores, pois um pesquisador britânico da área de segurança da informação – Marcus Hutchins, de 22 anos, conhecido no Twitter pelo apelido de *Malware Tech* -, acidentalmente, conseguiu deter a disseminação do malware, ao analisar o código com o qual o mesmo operava, e fazer o malware "perceber", erroneamente, estar sendo analisado em uma máquina virtual, por especialistas, ativando então um mecanismo de autodefesa (denominado *"kill switch"*), deixando de se disseminar, como forma de não expor a curiosos e autoridades, os seus mecanismos de ação. Embora os computadores já infectados ainda estivessem "seqüestrados", a disseminação estava encerrada.

A origem dos ataques - embora haja especulações de os mesmos serem provindos da China, Coreia do Norte ou Rússia -, ainda não foi determinada. Grupos de crackers e hackers já conhecidos e monitorados não se mostraram como sendo autores do ataque.

Portanto, desconhecida a origem, os riscos continuam. E não parecem ter como origem um autor individual, ou mesmo um grupo pequeno e desorganizado, mas sim, pela coordenação do ataque, o mais provável é se tratar de uma organização criminosa com estrutura física e massa crítica consideráveis.

Alguns números levantados pela empresa CHECK POINT Software Technologies Ltd.[48] :

- Aproximadamente um milhão de novos malwares são lançados a cada dia; em 2015, quase 144 milhões deles foram encontrados; isso significa que, em 2015, cerca de 274 malwares novos, desconhecidos, foram produzidos e lançados à rede mundial de computadores a cada minuto;

- A cada 5 segundos, um usuário em uma empresa no mundo, acessa algum site com malwares, e a cada 81 segundos um usuário em uma empresa no mundo faz download de um malware em um computador corporativo;

- Em 2015, 89% das empresas fizeram download de malwares, comparados com 63% em 2014;

- Estima-se que perto de 90% dos ataques hackers no ano de 2015, exploraram vulnerabilidades que existiam desde 2002;

Isso significa que, por mais que as empresas recorram a novas tecnologias para barrar esses ataques, simplesmente não dão conta de se atualizarem a ponto de se considerarem 100% seguras. O que não quer dizer, absolutamente, que seja um investimento em vão, muito pelo contrário, pois a minimização dos riscos de segurança digital corporativa pode evitar prejuízos incalculáveis, e , por vezes, irreparáveis, às empresas.

Conforme classificação apresentada no item 1.5 deste livro, o *ransomware* se trata de um *crime informático impróprio*, pois apesar de ser cometido por meio de sistemas informatizados, poderia sê-lo, independentemente do sistema informatizado, se enquadrando perfeitamente no artigo 158 do Código Penal, crime de *extorsão (Art. 158 - Constranger alguém, mediante violência ou grave ameaça, e com o intuito de obter para si ou para outrem indevida vantagem econômica, a fazer, tolerar que se faça ou deixar de fazer alguma coisa).*

Por fim, apoiamos neste espaço a necessidade de se incluir em alteração legislativa, como forma de aumento de pena ao previsto no *caput* do artigo 158, a *extorsão digital* (previsão essa, hoje não existente no Código Penal), pois o potencial de danos causados à sociedade é de uma magnitude assombrosa; além do que, verifica-se a quase imperativa condição de *transnacionalidade* do crime perpetrado, eis que, sabemos, as fronteiras de Estado não são obstáculos à propagação do crime em tela.

6.4 Ciberterrorismo

O repúdio ao terrorismo é um dos princípios da República Federativa do Brasil, conforme estabelece o art. 4°, inciso VII da Constituição Federal de 1988.

Também no art. 5°, inciso XLIII, estabeleceu que o crime de terrorismo é inafiançável e insuscetível de graça ou anistia.

Ainda, de forma a consolidar definições importantes à compreensão do tema, e criar procedimentos específicos para o combate ao terrorismo, a Lei nº 13.260/16 (conhecida como a Lei Antiterrorismo) definiu em seu art. 2º:

> *"Art. 2o O terrorismo consiste na prática por um ou mais indivíduos dos atos previstos neste artigo, por razões de xenofobia, discriminação ou preconceito de raça, cor, etnia e religião, quando cometidos com a finalidade de provocar terror social ou generalizado, expondo a perigo pessoa, patrimônio, a paz pública ou a incolumidade pública."*

Estabelece, ainda, em seu art. 2º, parágrafo 1º, inciso IV:

> *"IV - sabotar o funcionamento ou apoderar-se, com violência, grave ameaça a pessoa ou **servindo-se de mecanismos cibernéticos**, do controle total ou parcial, ainda que de modo temporário, de meio de comunicação ou de transporte, de portos, aeroportos, estações ferroviárias ou rodoviárias, hospitais, casas de saúde, escolas, estádios esportivos, instalações públicas ou locais onde funcionem serviços públicos essenciais, instalações de geração ou transmissão de energia, instalações militares, instalações de exploração, refino e processamento de petróleo e gás e instituições bancárias e sua rede de atendimento"; (**Grifo nosso**).*

No parágrafo 2º de mesmo dispositivo traz importante consideração:

> *"§ 2o O disposto neste artigo **não se aplica** à conduta individual ou coletiva de pessoas em manifestações políticas, movimentos sociais, sindicais, religiosos, de classe ou de categoria profissional, direcionados por propósitos sociais ou reivindicatórios, visando a contestar, criticar, protestar ou apoiar, com o objetivo de defender direitos, garantias e liberdades constitucionais, sem prejuízo da tipificação penal contida em lei." ; (**Grifo nosso**).*

Outrossim, o ataque cibernético tratado no item precedente (5.3) não se enquadra na definição de ciberterrorismo, mas sim de crime informático (ou cibercrime), por não se inserir nas hipóteses elencadas no caput do art. 2º da Leinº 13.260/16 (Lei Antiterrorismo): ato cometido *"por razões de xenofobia, discriminação ou preconceito de raça, cor, etnia e religião, quando cometidos com a finalidade de provocar terror social ou generalizado, expondo a perigo pessoa, patrimônio, a paz pública ou a incolumidade pública"*.

O objetivo do referido ataque (elemento subjetivo do agente) ficou claro para todos, era "tão somente" obter, de forma ilícita, quantia em dinheiro.

Ainda, conformedestacado em artigo escrito por Débora de Souza Almeida[49], deve-se ressaltar a diferença entre o **hacktivista** e o **ciberterrorista**: segundo a autora, citando Weimar, hacktivismo difere do ciberterrorismo na medida em que *"o primeiro procura protestar e perturbar; e não matar, ferir ou aterrorizar, como o segundo"*.

Portanto, apesar de aparentemente tênue a diferença entre hacktivismo e ciberterrorismo (e também em relação ao cibercrime), essa diferença reside no elemento subjetivo do agente (finalidade, motivação).

Conclusão:

Como um dos resultados das citadas omissões normativas, dados da *Cyber Defcon* (https://cyberdefcon.com/?p=about-us) – organização independente dedicada à busca de segurança na internet -, apresentados na forma do *Global Security Map* (http://globalsecuritymap.com/), apresentam o Brasil como ocupante da posição de número 33 num ranking de segurança cibernética, de uma lista de 219 países.

Falta, ainda, ao Brasil, uma ação coordenada envolvendo a administração pública, representantes dos três poderes, polícias judiciárias e Ministério Público, sem prescindir da colaboração da sociedade organizada e terceiro setor, no intuito de planejar ações efetivas a trazer segurança para o uso da internet no país.

Um bom exemplo de ação coordenada é a parceria de sucesso da *SaferNet Brasil*[50] com o MPF de São Paulo, Rio de Janeiro, Rio Grande do Sul, Goiás, e Paraná, *"com a finalidade de unir esforços para prevenir e combater a pornografia infantil, a prática de racismo e outras formas de discriminação, instrumentalizadas via Internet"*. Aos Procuradores da República é franqueado acesso irrestrito aos bancos de dados da SaferNet Brasil, e ao *Parquet* são direcionadas as denúncias para investigação. Ao receber as denúncias, o Ministério Público Federal, se for o caso, instaura procedimento de investigação criminal e pode vir a solicitar pedidos judiciais de quebra de sigilo telemático de dados e interceptação.

Outro ponto a se deixar em evidência é a responsabilização do provedor de acesso. Os delitos informáticos, assim como todos os demais delitos, deixam evidências, mas essas evidências são mais sutis e mais perecíveis na linha do tempo, em comparação com as evidências do mundo real. Os servidores de acesso estão em uma posição mais próxima dos autores dos fatos investigados, pelo que, imprescindível sua pronta colaboração, quando demandados, o que não ocorre hoje na prática, pela falta de lei que a regule. A legislação precisa, pois, acompanhar o incremento do risco na atividade cibernética, de forma a permitir aos responsáveis pelas investigações a possibilidade de se trabalhar de forma eficaz.

Por fim, nas palavras de LEVI:

> *"Uma técnica não é nem boa, nem má (isto depende dos contextos, dos usos e dos pontos de vista), tampouco neutra (já que é condicionante ou restritiva, já que de um lado abre e de outro fecha o espectro de possibilidades). Não se trata de avaliar seus "impactos", mas de situar as irreversibilidades, às quais um de seus usos nos levaria, de formular os projetos que explorariam as virtualidades que ela transporta e de decidir o que fazer dela".*[51]

Do que foi exposto, conclui-se, a tecnologia cibernética e o modo de vida determinado pela velocidade na troca de informações, por bancos de dados compartilhados, pelas mensagens eletrônicas e ferramentas sociais em rede, são irreversíveis. E, se com elas obtemos mais prazer, agilidade, lucros e menor demanda de tempo, por outro lado, aumentaram-se os riscos. Crianças estão mais vulneráveis a assédios de ordem sexual via uso não supervisionado da internet, e idosos estão mais vulneráveis a golpes fraudulentos de ordem financeira pela pouca familiaridade com o meio eletrônico. A sociedade (Estado e cidadãos) está se organizando, no sentido de restabelecer a segurança que um dia tivemos (ou pensávamos ter). Ainda há muito trabalho a se fazer, e em especial, de produção normativa, pois hoje insuficiente. Mas, para tanto, há que se discutir, de forma franca, democrática e participativa, sobre quais as ferramentas normativas necessárias, e quais os limites aceitáveis de atuação e interferência estatal no mundo cibernético. Espera-se ter cumprido, aqui, uma pequena contribuição nesse sentido.

Fotos da capa em domínio público para uso comercial, obtidas no PIXABAY, nas seguintes URLs:

https://pixabay.com/pt/bin%C3%A1ria-c%C3%B3digo-bin%C3%A1rio-823337/

https://pixabay.com/pt/teclado-letras-computador-digital-65042/

Notas de Referências Utilizadas no texto

[1]BRITO, Auriney. *Direito Penal Informático*. São Paulo: Editora Saraiva, 1ª Ed., 2013,p.23-25

[2]BECK, Ulrich. *Sociedade de Risco. Rumo a uma outra modernidade*. São Paulo: Editora 34, 2ª ed, 2011, pg. 57.

[3]BAUMAN, Zygmunt. *Medo Líquido*. Rio de Janeiro: Jorge Zahar Editora, 2008.pg 127

[4]BRETAS, Adriano Sérgio Nunes. *Desafios do Direito (Processual) Penal Econômico*. Artigo apresentado no I Seminário Brasileiro de Direito Penal Econômico, promovido pelo Instituto Brasileiro de Direito Penal Econômico (IBDPE), p.4.

[5]SARLET, Ingo Wolfgang Sarlet. *A Eficácia dos Direitos Fundamentais. Uma teoria geral dos direitos fundamentais na perspectiva constitucional*. Porto Alegre: Editora Livraria do Advogado, 2012.

[6]CUNHA JR, Dirley da. *Curso de Direito Constitucional*. Salvador: Editora JusPodivm, 5ª ed., 2011

[7]FERRAJOLI, Luigi. *Direito e Razão. Teoria do Garantismo Penal*. São Paulo: Editora Revista dos Tribunais, 2010, p. 785 e ss.

[8]PACELLI DE OLIVEIRA, Eugênio. Processo e Hermenêutica na Tutela Penal dos Direitos Fundamentais. Rio de Janeiro: Editora Lumen Juris, 2009, p. 139.

[9]FISCHER, Douglas. *Garantismo Penal Integral, Capítulo I: O que é Garantismo Penal (Integral)* ?. Organizadores: Bruno Calabrich, Douglas Fischer, Eduardo Pelella. Salvador: Editor Podivm, 201, p. 36

[10]FISCHER, Douglas. *Garantismo Penal Integral, Capítulo I: O que é Garantismo Penal (Integral)* ?. Organizadores: Bruno Calabrich, Douglas Fischer, Eduardo Pelella. Salvador: Editor Podivm, 201, p. 39

[11]HOBBES, Thomas. *Leviatã ou matéria, forma e poder de um Estado eclesiástico e civil. In:Os pensadores: Hobbes.* São Paulo: Nova Cultural, 2000, p. 178

[12]Segundo ISENSEE, Josef. *Das Grundrecht,* cit., p.7, apud, BALTAZAR Jr. José Paulo; Capítulo 8. *O conflito entre o direito fundamental à segurança e o direito de liberdade no âmbito da investigação criminal.* CUNHA, Rogério Sanches; TAQUES, Pedro; GOMES, Luiz Flavio. *Limites Constitucionais da Investigação.* São Paulo: Editora Revista dos Tribunais, 2009

[13]NUCCI, Guilherme de Souza. *Manual de Direito Penal.* Rio de Janeiro: Forense, 11ª ed., 2015, p. 6

[14]ROXIN, Claus. *A proteção de bens jurídicos como função do Direito Penal.* Porto Alegre: Editora livraria do Advogado, 1ª Ed., 2006.

[15]NUCCI, Guilherme de Souza. *Manual de Direito Penal.* Rio de Janeiro: Forense, 11ª ed., 2015, p. 7

[16]DELMANTO, Celso e outros. Código Penal Comentado. São Paulo, 8ª ed, 2010, p. 114

[17]NUCCI, Guilherme de Souza. *Manual de Direito Penal,* Parte Geral. São Paulo: Forense, 2015. p. 119

[18]GRECO, Rogério. *Curso de Direito Penal,* Editora Ímpetus. Niterói: 2011. p. 140

[19]NUCCI, Guilherme de Souza. *Manual de Direito Penal.* Rio de Janeiro: Forense, 2015. p. 121

[20]NUCCI, Guilherme de Souza. *Manual de Direito Penal.* Rio de Janeiro: Forense, 11ª ed., 2015, p.143/144.

[21]STF, Glossário Jurídico;
http://www.stf.jus.br/portal/glossario/verVerbete.asp?letra=P&id=491
(acesso em 01/05/2017)

[22]NUCCI, Guilherme de Souza. *Manual de Direito Penal.* Rio de Janeiro: Forense, 11ª ed., 2015, p. 261/261.

[23]HOLMES, David S. *Psicologia dos Transtornos Mentais.* Porto Alegre: Editora Artes Médicas, 1997.

[24]CouncilofEurope, disponível em :
<http://www.coe.int/en/web/conventions/full-list/-/conventions/treaty/185/signatures>. (acesso em 22/02/2016)

[25] https://oglobo.globo.com/economia/janot-combate-corrupcao-melhora-ambiente-para-investimentos-no-brasil-20790358 (acesso em 22/05/2017)

[26] MASSON, Cléber. *Código Penal Comentado*. São Paulo: Método, 2ª ed., 2014, pg. 605.

[27] COSTA JR, Paulo José da. *O Direito de Estar Só – Tutela Penal da Intimidade*. São Paulo: Editora Revista dos Tribunais, 4ª Ed., 2007, p. 26.

[28] http://www.camara.gov.br/proposicoesWeb/fichadetramitacao?idProposicao=576366

[29] BITENCOURT, Cezar Roberto. Tratado de Direito Penal: Parte Geral, I. São Paulo: Saraiva, 2013, 19ª, p. 348/349.

[30] ARAS, Vladimir. *Crimes de informática*, Revista Jus Navigandi, Teresina, ano 6, n. 51, 1 out. 2001. Disponível em: <https://jus.com.br/artigos/2250>(acesso em: 17/05/2017).

[31] BARBOSA JUNIOR, Sergio Jose. *Crimes informáticos: delitos virtuais no direito brasileiro*. Revista Jus Navigandi, Teresina, ano 19, n. 4008, 22 jun.

[32] BRITO, Auriney. *Direito Penal Informático*. São Paulo: Editora Saraiva, 1ª Ed., 2013, pgs. 42/43

[33] BRITO, Auriney. *Direito Penal Informático*. São Paulo: Editora Saraiva, 1ª Ed., 2013, p. 101.

[34] ESMPU – Curso *"Cibercrime e Prova Digital"*, de 1º de setembro a 14 de outubro de 2015. Orientador: Marcelo Beltrão Caiado.

[35] PACELLI, Eugênio. Curso de Processo Penal. São Paulo: Editora Atlas, 2014. 18ª edição, ps. 327-442.

[36] AVOLIO, Luiz Francisco Torquato. Provas Ilícitas. Interceptações telefônicas, ambientais e gravações clandestinas. São Paulo: Editora Revista dos Tribunais, 2010, 4ª ed., p. 51

[37] CONSULTOR JURÍDICO; *http://www.conjur.com.br/2017-mar-10/policiais-vasculham-whatsapp-autorizacao-invalidam-provas?utm_source=dlvr.it&utm_medium=facebook ; acesso em 10.03.2017*

[38] CUNHA JR, Dirley da. *Curso de Direito Constitucional*. Salvador: Editora JusPodivm, 5ª ed., 2011, p. 712.

[39]CUNHA, Rogério Sanches; PINTO, Ronaldo Batista. *Infiltração de agentes de polícia para a investigação de crimes contra a dignidade sexual de criança e de adolescente (Lei 13.441/17)* . Meu Site Jurídico, disponível em http://meusitejuridico.com.br/2017/05/09/infiltracao-de-agentes-de-policia-para-investigacao-de-crimes-contra-dignidade-sexual-de-crianca-e-de-adolescente-lei-13-44117/ , acesso em 21/07/2017

[40]*Blog Deep Web*, disponível em <https://blog.deepwebbrasil.com/> (acesso em 09.03.2017)

[41]PINHABEL, Natalia; *DEEP WEB*, Revista Ler e Saber; São Paulo: Editora Alto Astral, 2015, p. 6.

[42]KOGUSHI, Thiago. *DEEP WEB*, Revista Ler e Saber; São Paulo: Editora Alto Astral, 2015, p. 14.

[43]PENTEADO, Conceyção.*Psicopatologia Forense. Breve estudo sobre o alienado e a lei*. Rio de Janeiro: Editora Lumen Juris, 2000, p. 31/32.

[44]SANCHES, Rogério. *Meu site jurídico.com.* http://meusitejuridico.com.br/2017/04/20/desafio-da-baleia-azul-consequencias-criminais/ (acesso em 24/04/2017).

[45]http://br.reuters.com/article/worldNews/idBRKCN18B2NE-OBRWD (Acesso em 17/05/2017)

[46]http://brasil.elpais.com/brasil/2017/05/12/internacional/1494586960_025438.html (acesso em 16/05/2017)

[47]TEC Mundo PRO. https://pro.tecmundo.com.br/ataque-hacker/116627-europa-sequestrada-ataque-hacker-mira-hospitais-reino-unido.htm (acesso em 16/05/2017)

[48]CHECK POINT Software Technologies Ltd SECURITY REPORT 2016

[49]ALMEIDA, Débora de Souza. Meu site jurídico.com. http://meusitejuridico.com.br/2017/05/16/o-ciberataque-dia-12-de-maio-ciberterrorismo/ (acesso em 16/05/2017)

[50]http://www.safernet.org.br/site/institucional

[51]LÉVI, Pierre. Cibercultura. São Paulo: Editora 34, 1999, pg. 26.